外研社语料库研究系列

国家社会科学基金青年项目（12CYY001）

Translation and the Development of Modern Chinese
A Diachronic Multiple Corpora (1900-1949) Study

翻译与现代汉语白话文的发展

基于历时复合语料库（1900–1949）的研究

赵秋荣　著

外语教学与研究出版社

FOREIGN LANGUAGE TEACHING AND RESEARCH PRESS

北京 BEIJING

图书在版编目（CIP）数据

翻译与现代汉语白话文的发展：基于历时复合语料库（1900–1949）的研究 / 赵秋荣著. -- 北京：外语教学与研究出版社，2021.3（2022.12 重印）
（外研社语料库研究系列）
ISBN 978-7-5213-2299-6

I.①翻⋯ II.①赵⋯ III.①现代汉语－语料库－研究 IV.①H109.4

中国版本图书馆 CIP 数据核字（2021）第 039788 号

出 版 人　王　芳
项目负责　李晓雨
责任编辑　付分钗
责任校对　闫　璟
封面设计　黄　浩
出版发行　外语教学与研究出版社
社　　址　北京市西三环北路 19 号（100089）
网　　址　http://www.fltrp.com
印　　刷　北京盛通印刷股份有限公司
开　　本　650×980　1/16
印　　张　13
版　　次　2021 年 4 月第 1 版　2022 年 12 月第 3 次印刷
书　　号　ISBN 978-7-5213-2299-6
定　　价　49.90 元

购书咨询：（010）88819926　电子邮箱：club@fltrp.com
外研书店：https://waiyants.tmall.com
凡印刷、装订质量问题，请联系我社印制部
联系电话：（010）61207896　电子邮箱：zhijian@fltrp.com
凡侵权、盗版书籍线索，请联系我社法律事务部
举报电话：（010）88817519　电子邮箱：banquan@fltrp.com
物料号：322990001

记载人类文明
沟通世界文化
www.fltrp.com

前　言

　　"五四"新文化运动期间，汉语的词汇、句法和语篇结构等发生了显著变化，翻译在其中起到了至关重要的作用。为探究现代汉语白话文发展阶段中的变化及翻译在其中的作用，本书借鉴编码复制框架，设计出一个基于历时语料的复合语料库考察模式（1900-1949）：以文学历时语料为主，综合类比语料库、双语平行语料库、参考语料库与单双语作家语料库，将总考察期内的类比语料库分为四个研究阶段，以每十年的后五年为一个考察阶段。

　　主要研究内容包括：

　　（1）定量分析翻译汉语和原创汉语的语言文体特征。考察词汇密度、平均句长和平均句段长后发现：现代汉语词汇密度增加，句子长度增大，结构扩展。

　　（2）从词汇、句法和语篇视角选取典型案例，探究翻译对现代汉语发展变化的影响。词汇上，探究数量词的欧化，以"一个"为例。发现"一个"复制了译文的用法，频率增加、用法扩展。句法上，研究定语结构的欧化，以"一个＋的＋名词"中的定语结构为例。研究显示：现代汉语白话文的定语结构复制了译文表达，定语长度增加、结构扩展、容量扩增。语篇上，以话语重述标记为例，现代汉语白话文的话语重述标记复制了译文中的相关表达，频率增加，位置和功能逐渐固化。

　　（3）基于单、双语作家语料库考察了翻译对原创汉语的影响。欧化是"五四"作家的普遍现象，单语作家也不例外。在单、双语作家的共同作用下，现代汉语白话文短时间内发生了欧化是此期白话文发展的一个显著特点。

（4）探讨了翻译引起目标语言变化的机制。内因和外因共同作用决定了翻译影响目标语言变化的可能性、必然性和限度。

光阴似箭，从 2010 年开始攻读博士学位，至今已过十年。拙著即将完稿之际，回首这几年的求学历程，感慨万千。

能到北外学习，完成博士论文，走上翻译研究的道路，导师王克非教授是最重要的引路人。王老师言传身教，指引我阅读、参加学术会议、了解学术前沿、结识国内外学人、参与申请国家社科重大项目等，我从中受益匪浅。为了帮我迅速了解国内外最新进展，王老师总利用开会或其他机会把国内外最新文献带给我阅读，并鼓励我到国外学习。博士论文写作中更是层层把关，从选题、开题、撰写、修改，王老师都倾注了大量心血。这些年，师母周老师也特别关注我的成长，经常提醒我注意身体，关心我生活、学习、工作的点点滴滴。毕业之后，王老师和师母仍然非常关心我的研究、工作和家庭生活，给了我多方面的帮助和支持。

论文写作得到了多位学者的指点。开题时王逢鑫教授、张克定教授和陈国华教授提出了宝贵的意见和建议。感谢马会娟教授、梁茂成教授、封宗信教授、张政教授和刘泽权教授百忙之中参加我的论文答辩会，并给予宝贵的修改建议。

在北京外国语大学学习期间，刘润清教授的《语言哲学》、王克非教授的《双语语料库与翻译》、梁茂成教授的《语料库语言学》、许家金教授的《应用语言学中的计算机应用》、熊文新教授的《计算机辅助翻译》等课程开阔了我的视野。在英国曼彻斯特大学翻译与跨文化研究中心学习期间，Mona Baker 和 Meave Olohan 教授的《翻译研究方法》等课程对本书的撰写提供了帮助和支持。曼大的 Sofia 博士、汉堡大学的 Becher 博士、美国的 Kubler 教授对我研究中遇到的问题提供了诸多建议。在德国美因茨大学访学期间，Svenja Kranich 教授、Silvia Hansen-Schirra 教授、Lars Johanson 教授对我的研究方法和发现给予了热情的肯定和鼓励。在香港理工大学学习期间，李德超教授给予了诸多鼓励与帮助！

研究的顺利进行，离不开师兄、师姐们的帮助和支持。师兄秦洪武教授利用来京出差、讲学的机会多次指点迷津：分析工具和方法、语料考察、研究途径、参考书目，事无巨细地帮助我。同门师兄张威、李京廉、黄立波、武光军、李越、杨志红、方红、黄焰结、刘瑾玉等为我的研究工作提供了很多建设性意见。书稿修改过程中我的研究生帮我做了很多校对工作，一并谢过！

家人的支持和帮助是我学业最有力的支撑。十年前，我爱人杜小平积极鼓励我到北京求学。他经常把他研究中的心得与我分享，鼓励我多进行跨学科研究。他虽工作繁忙，但兼顾了工作、家庭，还帮我开发软件、讨论研究中遇到的疑难问题。备战考博时，大女儿盼盼刚刚一岁半；书稿撰写完成时，二女儿欣欣已经四岁多。多年来，父母、公婆轮流帮我照顾孩子，解决了我的后顾之忧。十年来，寒暑假、节假日，挑灯晨读，夜深人静的冥思苦想，才有了今天这本书。她虽然非常稚嫩，但代表了我这段时间的学习经历和收获。

本书初稿写作中先后获得 2010 年北外创新计划、2011 年北京市高等学校联合培养计划、2011 年教育部人文社科基金、2012 年国家社科基金等支持，评审老师们的厚爱给我提供了诸多机会，增强了我的信心，感谢这些基金支持我顺利完成拙著。

论文的部分章节已在第二届全国语料库翻译学研讨会、第四届基于语料库的语言对比与翻译研究（UCCTS4）、第八届国际语料库语言学（CILC）等会议上做口头报告，在剑桥学者出版社的 *Studies in Language and Translation*、《中国翻译》《外语教学理论与实践》等期刊上发表，评阅老师们提出的宝贵建议为进一步完善本书提供了参考。

刘禹锡诗云，"莫羡三春桃与李，桂花成实向秋荣"，除了学术上的训练，十年来的学习和研究也是对自己品性和品行的锻炼。有了重压下处理学习、工作、家庭和生活等各方面的经历，将为今后研究工作打下坚实的基础。我相信，天道酬勤。这本书的完成是我学术生涯中重要的一环。今后，我会继续努力，争取取得更大成绩回报所有关心我、爱护我的师长、朋友和家人。

目　录

表格目录

插图目录

第一章 绪论

1.1 研究缘起

与万事万物一样，语言也处在不断发展变化中。影响语言发展变化的因素有很多，除了语言本身的变化即内因发挥作用外，外因也发挥了很大作用。外因主要指语言接触、语言政策和翻译政策以及各种合力的作用。翻译触发的语言接触和语言变化（translation-induced language contact and language change）在目标原创语言变迁中发挥了重要作用。

随着对翻译功能认识的不断深入，研究手段不断更新，尤其是大数据时代各种类型语料库的研发，翻译与目标原创语言发展变化关系的研究正逐渐成为国内外研究的热点和重点。国际上，相关研究主要集中在相近语言对之间的考察，尤其是英语翻译的影响。如英语翻译对德语（House 2006，2011；Baumgarten and Özçetin 2008；Steiner 2008；Kranich et al. 2012；Kranich 2014；Bisiada 2018，2019）、法语（McLaughlin 2011）、意大利语（Laviosa 2010）、丹麦语（Gottlieb 2004）、葡萄牙语（Hoey 2011）和希腊语（Malamatidou 2011，2016，2017，2018）等的影响。

总体来看，这方面研究有如下短缺：（1）主要集中于相近语言对，对语言特征差异较大的英汉语言对之间的研究相对缺乏；（2）所据语料多为科技文本语料库，基于其他文本类型语料的考察相对欠缺；（3）研究方法上仅凭借类比语料库、平行语料库或综合二者但库容较小；（4）将翻译发生的相关社会背景纳入考察范围的研究还不充分。

"五四运动"前后短短几十年现代汉语白话文发生了显著变化。王力（1954/1984：434）的考察发现："从民国初年到现在，短短二十余年之间，文法的变迁比之从汉至清，有过之而无不及。文法的欧化，是语法史上的一桩大事。"现代汉语白话文短时期内发生了重大变化，而这种变化与"五四运动"前后翻译骤增是分不开的。从新文化运动开始，许多知识分子提倡借助翻译改造现代汉语白话文（傅斯年 1919b；钱学同 1919；郑振铎 1921；周作人 1922；鲁迅 1931；胡适 1935等），身体力行积极进行创作实践与翻译实践。这些学者丰富的著译以及理论探索为现代汉语白话文的变迁提供了摹本及理论支撑。现代汉语白话文吸收了翻译中的语言表达形式，逐步朝"精密化""明确化"的方向发展。具体表现在句子由简单变为复杂：一方面，把要说的话尽可能概括起来，成为一个完整的结构；另一方面，化零为整，把许多零星的小句结合为一个大句（王力 1980：473-483；史存直 2008：358-381）。

使用频率（frequency of use）变化是语言变化的推动力之一（Steiner 2008：336；Leech et al. 2009：50），也是促成语法化与语言变化的核心（Hopper and Traugott 2003：129），而基于语料库的数据描述、统计、分析是观察频率变化的有效途径。历时语料库为准确追踪语言变化提供了前所未有的条件（Leech et al. 2009：28）。

在积极借助翻译改造现代汉语白话文的特殊社会语境下，在与外语的接触过程中，翻译汉语模仿和复制了源语的结构与形式。或者说一段时期内源语渗透（shining-through）（Teich，2003）发挥了主导作用，现代汉语白话文模仿了翻译语言的表达形式，在社会环境、语言发展等多重因素影响下，最终促成了现代汉语白话文短时间内的变化。

现代汉语欧化研究一直是学界关注的重点。较早的研究有王力（1943/1985，1954/1984，1980）、北京师范学院（1959）；海外或港台研究有Tsao（1978）、Kubler（1985）、Gunn（1991）、Hsu（1994）、谢耀基（1990）、石定栩、朱志瑜（1999，2000），近期研究有王克非（2002）、刁晏斌（2006a，2006b）、贺阳（2008）、朱一凡（2011）、王克非、秦洪武（2009，2013）、戴光荣（2013）、赵秋荣、王克非（2013，2014，2020）、秦洪武、夏云（2017）等，这些研究为本书提供了重要基础。但已有研究或依靠主观经验判断，或基于典型但有限的实例，或集中于当代语料，或侧重描述语言现象，理论探索相对欠缺。定量考察现代汉语白话文的历时变化，从语言接触视角揭示翻译在现代汉语白话文发展变迁中的作用、探讨翻译引起目标原创语言变化的特点、规律及机制的研究仍然比较缺乏。

综上所述，翻译影响目标原创语言变迁的研究已经引起了众多研究者的关注。此类研究不仅语料上需要进一步扩充，研究方法上也需要进一步探讨，如综合不同类型语料库的优势。不仅需要共时研究，更需要历时视角的观察，还需要将翻译发挥作用的社会语境纳入考察范围，以及从理论上探讨翻译引发目标语言发展变化的机制。因此，基于大规模历时复合语料库的考察模式将是目前较有效的尝试。该方法不仅综合了各类语料库的长处，还将为定量描述现代汉语白话文的发展变化、揭示翻译的社会作用提供有力支持，也有利于进一步揭示接触视角下语言发展变化的规律。

1.2 研究假设及研究问题

基于考察现代汉语白话文的历时变迁及翻译的作用，本书的假设是：

（1）现代汉语白话文逐步走向精密化、明确化，这一过程与翻译有密切关系。语言自身的发展一般较为缓慢，如果某种语言较短时间内发生剧烈变化，多来自外因的影响。"五四"前后较短时间内现代汉语白话文发生了重大变化，当时社会上许多具有影响力的知识分子提倡借助翻译改造现代汉语白话文。可以假设翻译中高频出现的、欧化的或新的表达方式在这些作家作品中的出现频率可能更高。

（2）社会语境在现代汉语白话文早期发展中起了关键作用。"五四"新文化运动为现代汉语白话文吸收翻译汉语语言表达、促进自身发展提供了社会基础。欧化表达方式在当时的书面语尤其是译文中有较多体现，而创作语言中欧化的程度却有所不同：受源语渗透效应影响，双语作家可能直接吸收外语中的语言表达；单语作家可能模仿他人译文中的新表达方式。但只有单、双语作家共同作用才可能推进现代汉语白话文短时间内的变迁。因此，社会语境发挥的作用不容小觑。

基于此，本书思考三大问题：

（1）现代汉语白话文向精密化、明确化方向发展的过程中，词汇、句法和语篇方面发生了哪些变化？

（2）翻译在现代汉语白话文早期发展过程中是否发挥了作用？如果是，现代汉语白话文模仿、借鉴或吸收了翻译汉语的哪些表述形式？单、双语作家吸收外来语言的表现是否有差异？

（3）语言接触视角下翻译触发目标语言变迁的特点是什么？有何规律可循？

1.3 研究设计

王力（1980：14-17）指出：研究现代汉语白话文的历时变化应该把握一些原则，如注意语言发展的历史过程；密切联系语言发展的历史；重视语言方面的联系以及辨认语言发展的方向。向熹（1993：6-8）归纳现代汉语的研究方法为：归纳、比较、统计、实证、探源、转换、推演等。Kubler（1985：146）则提出建设语料库，定量观察语言变化。他尤其指出：对比考察欧化前后的语料将是研究现代汉语白话文历时变化的理想方法。

基于前人研究语言变化的经验与研究成果，本书认为：考察现代汉语白话文的历时变迁需要以历时语料为基础，加密时间间距，分段考察，以凸显语言的历时变化；现代汉语白话文的历时变化在语言文体特点、词汇、语法和语篇等多个层面都可能有所体现。此外，现代汉语白话文短时期内发生了重要变化，此变化既是可能的，又有一定限度，需要结合具体社会语境讨论其变化的可能性与限度，拓展翻译触发目标语言变化的机制。

鉴于翻译与目标语言相互关系的复杂性和多种类型语料库的欠缺，本书借鉴编码复制框架理论（code-copying framework）和语料库翻译学相关理论，设计出一个基于历时语料的复合语料库考察模式，从词汇、句法和语篇视角选取典型案例，探究翻译与现代汉语白话文早期发展之间的关系与影响。

现代汉语白话文发展初期即五四前后，文学翻译是大规模翻译活动的主体，因此，本研究将主体语料锁定为小说、散文、戏剧（以及少量社会科学文本）等体裁的书面语语料。历时复合语料库共包含四个语料库：历时类比语料库（1910-1949）、双语平行语料库（1930-1949）、参考语料库和单双语作家语料库。具体设计如下：

（1）历时类比语料库。旨在考察现代汉语白话文早期的历时发展，比较原创汉语和翻译汉语语言特征的差异。历时类比语料库主要包括原创汉语和翻译汉语两个子库，语料来源集中于1910年到1949年间的语料。原创汉语语料包括鲁迅的《狂人日记》、周作人的《雨天的书》等，库容为1,193,529字；翻译汉语选取在中国翻译史上产生深远影响或广为人知的译作，如《傲慢与偏见》《鲁滨逊漂流记》等，库容为960,804字。类比语料库的总库容为2,154,333字。

分段历时考察语言变化是定量直观观察语言变化的常用方法。国际上诸多大型语料库多采用历时分段的方法。如赫尔辛基语料库以100年为一个阶段观察古英语到早期近代英语的变化；布朗家族语料库以30年为一个分期分析当代英语语法的历时变迁；隐性翻译语料库（Covert Translation）以20年为一个分期探索翻译对德语的影响。国内历时变迁研究多以历史事件为划分标准。"五四"前后现代汉语白话文的发展有一定特殊性，尤其是短短二三十年间语言发生了重大变化，如果分段时间过长，有些变化可能很难捕捉到；如果以自然年为分段标准，则很难确保语料能覆盖所有时间段；如果以历史事件为分段标准，历史事件与语言发展的直接关系也不确定。因此，无论长时间段划分法、自然年划分法还是以历史事件为基础的划分法，都无法直接运用于考察翻译与现代汉语白话文早期变化研究中。基于上述讨论，本书从现代汉语白话文早期发展的实际情况出发，以自然年每十年的后五年为一个考察阶段，合理划分时间间隔并加密考察间距。具体为：1915-1920为第一阶段，1925-1930为第二阶段，1935-1940为第三阶段，1945-1949为第四阶段。

（2）双语平行语料库。旨在考察翻译汉语的译源结构，也就是通过查找译本结构中对应的源语语言结构表达方式，揭示现代汉语白话文早期发展过程中源语（或翻译）的作用。受时代、语言质量及可获得的英汉双语语料的限制，本书中双语平行语料库的译语为现代汉语白话文（不含文言文），且尽可能涵盖多位译者。

参考挪威奥斯陆大学的英挪双语平行语料库（The English-Norwegian Parallel Corpora，ENPC）和北京外国语大学"超大型英汉双语平行语料库"的抽样标准，本书采用全文录入与部分抽样相结合的方法：短小语篇全文录入，较长语篇提取作品开头的连贯语句，取样多在1.5万到3万字/词之间。时间跨度在1930-1949年间，库容为1,463,534字/词。

（3）参考语料库。参考语料库主要选取未受欧化影响的旧白话作品。由于类比语料库为受欧化影响的语料，对比参考语料库与类比语料库中的语料，定量观察现代汉语白话文欧化前后的语言特点及变化，可以确定"五四"后哪些语法现象是在翻译影响下新出现的，哪些是扩展了原有用法，哪些是激活了原有用法逐渐发展起来的。王力（1943/1985，1954/1984，1980）研究现代汉语白话文欧化语法现象时，主要参考语料为《红楼梦》和《儿女英雄传》。王力（1980：472）指出：通过对比现代书报和参照语料可以发现欧化的语言现象，但缺点是语料量相对较少，只能是举例式的。Kubler（1985：146）在研究中也明确指出：参考语料库在研究现代汉语白话文变迁中具有不可忽视的作用。基于此，本书参考语料库主要选取未受欧化影响的中国语的典型代表——清代旧白话小说作品，如《红楼梦》《儿女英雄传》等，参考语料库的库容为4,071,420字。

（4）单双语作家语料库。旨在对比双语作家与单语作家创作语言中语言特征的异同，佐证翻译语言对现代汉语白话文创作语言的影响。"五四"新文化运动前期，许多倡导者认识到萌芽期的现代汉语白话文不能表达精密的思想，而翻译可以作为改造现代汉语白话文的"利器"。王力（1954/1984：349）提醒我们："欧化的来源是翻译，译品最容易欧化。欧化语法的来源是译品、准译品和以西语为腹稿的作品"。"五四"时的大多数知识分子有国外学习的经历，熟练掌握一门或多门外语，身兼"作家"与"译者"双重职责，著译颇丰。这些先行者既能创作又能翻译，且欲借翻译改造现代汉语白话文，可以设想，他们在翻译过程中会积极吸收西方语言的结构形式；创作中大量模仿翻译中高频出现的、新的语言形式。"五四"时期，欧化是文学领域的普遍现象。欧化的语言特征不仅出现在双语作家、译者兼作家的作品中，还出现在单语作家的作品中。如果说双语作家的欧化语言受到外语和翻译的双重影响，单语作家的欧化语言则只能受到翻译语言的影响。单双语作家语料库的考察将有利于揭示翻译语言对汉语创作语言的影响，探讨现代汉语白话文发展初期如何模仿翻译语言促进自身发展。另一方面，也为现代汉语白话文发展过程中的欧化提供进一步佐证。因此，有必要建立单双语作家语料库。

本书中单双语作家语料库主要以1930年前后的作品为语料来源。双语作家以林语堂为例，译者兼作家以鲁迅、周作人等九位作家为例，单语作家以沈从文为例，库容共314,616字。

1.4 理论依据与研究方法

围绕翻译触发现代汉语白话文变迁这一主线，本书综合了语言学、翻译学、社会学尤其是语料库翻译学、语言接触等方面的理论和方法，构建了基于历时语料的复合语料库考察模式。主要的理论依据和研究方法为：

（1）编码复制框架理论

Johanson（1993，1998a，1998b，2002a，2002b，2008，2013）的编码复制框架理论告诉我们：频繁语言接触中，基本编码（Basic Code）会全部（或部分）复制模型编码（Model Code）中高频出现的、新的语言成分。翻译引发的语言接触和语言变化中目标语原创语言会复制翻译语言和外语源语的语音、字形[1]、搭配、语义和频率。这个过程中，频率复制作用凸显，成为推动语言变化的动力。编码复制框架理论重视模仿、复制和频率在语言接触和语言变化中的作用，可以解释"五四"前后大规模翻译活动中现代汉语白话文早期的发展与变化。

（2）语料库翻译学的相关理论和方法

语料库翻译学以语言理论和翻译理论为研究指导，以概率和统计为手段，以大规模双语真实语料为对象，采用语内对比与语际对比相结合的方法，对翻译现象进行历时或共时的描写和解释，旨在探索翻译的本质（王克非、黄立波 2007）。语料库翻译学借鉴了语料库语言学的基本手段和方法，如语料整理、标注、检索和统计，尤其关注频率特征。基于翻译的语料研究标注更丰富，平行语料库、类比语料库需要详细标注翻译方向、翻译策略、出版信息、文体、主题、作者和译者等要素，还要确保语料间的可比性，平行语料库需要对齐处理。翻译语料库在翻译语言特征、译者

---

[1] 字形复制主要发生在相近语言对之间的接触和复制，不适用于汉语与欧洲语言间的接触。

风格以及翻译规范等方面的研究上发挥了重要作用（Baker 1993，2001；Laviosa 2002；刘泽权 2010；胡开宝 2011；王克非 2012b；肖忠华 2012等）。随着研究的进一步深入，语料库翻译学的研究范围扩展到文本外因素，关注点需要扩展到目标语的社会文化语境。

本书将借助语料库翻译学的理论基础和研究方法，以历时复合语料库为基础，借助语料库检索和统计工具，对比、分析翻译语言、英语源语和目标原创语言的语言文体特点，形成三角（triangulation）论证模式，从词汇、句法和语篇等层面的典型案例入手，揭示现代汉语白话文早期的历时变迁及翻译在现代汉语白话文变迁中的作用。

（3）历时复合语料库的考察模式

来源于真实数据的语料库直观、客观，再辅以时间维度，将成为考察和揭示语言发展变化的主要工具（House 2003，2006；Leech et al. 2009；Baker 2010，2018；Zhao and Wang 2015；Baker 2017，王克非、秦洪武 2013；赵秋荣、王克非 2014；秦洪武、夏云 2017等）。类比语料库可以观察翻译语言的特征，但源语的作用得不到充分显示；双语平行语料库是考察双语对应项的有力工具，但受语料质量、来源和加工难度的限制，库容较受限。现代汉语白话文的变迁受多重因素的影响，单一类型语料库很难达到研究目的。因此，本书综合了类比语料库、双语平行语料库、参考语料库和单双语作家语料库的优势，历时定量观察现代汉语白话文早期的历时变化，并研究翻译在目标原创语言变迁中的作用。

1.5 研究意义

本书以编码复制框架理论和语料库翻译学的理论方法为指导，基于历时复合语料库，考察现代汉语白话文的变迁及翻译在其中发挥的作用。本书具有方法论和理论上的意义：

（1）提出历时复合语料库的研究方法

基于历时语料，综合类比语料库、双语平行语料库、参考语料库和单双语作家语料库的优势，本书提出了基于历时语料的复合语料库考察模式。突破了以往语言变化研究主要基于经验或少量典型实例、或凭借单一语料库的限制，历时复合语料库一定程度上克服了以往方法的不足，可以定量显示翻译汉语和原创汉语的历时变化、对比现代汉语白话文欧化前后的变化。基于单双语作家的语言特征分析有助于探讨翻译对创作语言的影响等，还将影响语言变化的其他因素如译者因素、社会环境等因素纳入考察范围。本书历时复合语料库的考察模式将为探索翻译与目标语言变化研究提供新思路。

（2）探讨翻译引发目标语言变化的机制

翻译在目标语言变化中是否能发挥作用，如果是，发挥着什么样的作用？什么条件下能发挥作用？哪些变量有助于识别翻译带来的变化或影响？影响因素有哪些？本书在定量考察翻译汉语和原创汉语的文体特征、词汇、句法和语篇特征、单双语作家语言特点的基础上，用数据统计的方法定量描述现代汉语白话文历时变化及翻译的作用，不仅说明特定社会语境下翻译影响目标语言发展变化是可能的，而且表明这种变化受目标语言本身的特点、接触时间、接触强度、受众态度等多种因素的制约，这种影响又是有限的。上述研究有助于进一步探索翻译影响目标语言变化的特点、规律和机制。

1.6 本书结构

本书共八章。

第一章，绪论。概括介绍翻译与现代汉语白话文发展这一课题的研究缘起、研究假设、研究问题、研究设计、理论依据、研究方法以及研究意义等。

第二章，相关研究综述。概述了国内外翻译与目标语言变化研究的进展、研究发现及可继续拓展的视角，总结了语料库研究方法目前的进展：一方面，语料库的实证研究方法为语言变迁研究提供了有力支持；另一方面，方法论上还需进一步探索和拓宽。

第三章，理论、方法与模式。着重介绍了本书的理论依据和研究方法。理论上，主要借鉴编码复制框架理论和语料库翻译学相关理论。研究方法上，设计出基于历时语料的复合语料库考察模式，定量考察现代汉语白话文的历时变化及翻译在目标语言变化中的作用。

第四章，历时复合语料库的建设与加工。详细介绍了本书历时复合语料库的收集、整理加工、标注、检索及提取，概括介绍了历时复合语料库的分段标准及应用。

第五章，原创汉语与翻译汉语文本的语言文体特点：基于统计的考察。本章基于词汇密度、平均句长和平均句段长等常用文体参数，考察了原创汉语和翻译汉语的语言文体特征差异，这些发现一定程度上可以解释现代汉语白话文和翻译汉语句子长度增长的原因。

第六章，翻译对现代汉语白话文发展变化的影响：基于语言层面的微观考察。数量词欧化、定语结构扩展以及话语重述标记欧化是现代汉语白话文向精密化、明确化方向发展的重要表现。本章以数量词、定语结构和话语重述标记分别作为词汇、句法和语篇层面的个案研究，基于统计分析定量显示现代汉语白话文的历时发展及翻译的作用。

第七章，翻译影响目标语言变化的机制。本章主要从语言因素和社会语境因素着眼，探究翻译触发语言接触、影响目标语言发展变化的机制；讨论社会语境与语言自身发展共同作用下，翻译影响现代汉语白话文变迁的必然性、可能性和限度。

第八章，结语。本部分总结了研究发现、研究局限以及基于本课题今后可继续开展的研究课题。

第二章 相关研究综述

2.1 翻译影响目标语言发展变化的研究

Sapir（1921：205）的论述一直启发我们：语言像文化一样，很少有自给自足的。国家、民族间的交流除了能丰富彼此文化外，还会引起语言的发展变化。语言变化尤其是接触引起的语言变化一直是语言学家关注的话题，是历史语言学家、社会语言学家研究的热点和重点（Weinreich 1953/1968；Labov 1994，2001，2011；Thomason and Kaufman 1988；Thomason 2001；Heine and Kuteva 2005；Matras and Sakel 2007等）。这些研究多关注面对面的、以口语为渠道的直接语言接触，说话人是主要考察对象。

间接语言接触与直接语言接触的途径不同。翻译触发的语言接触属于间接语言接触，书面语言是主要传播渠道，传播者多为有一定双语或多语能力的译者。翻译在高强度语言接触中发挥着非常重要的作用（Heine and Kuteva 2005：14），翻译触发的语言接触与变化涉及更多因素，更复杂，但这种现象以及语言变化机制一直未受到充分重视。

纵观中外语言发展史，翻译曾在丰富和发展目标语言的语言和文化中发挥过举足轻重的作用，某些特定时期甚至重塑了目标语言的发展。很多国家和民族曾借助翻译建立、发展或丰富了本国语言。早在8世纪，伊斯兰教国家大量翻译古希腊哲学和自然科学等方面的文献，促使阿拉伯语言文化短时间内有了突飞猛进的发展。受希腊翻译学术著作的影响，阿拉伯国家逐步建立了较完备的学术体系和规范。12世纪，西班牙、北意大利等地大量翻译引进阿拉伯著作，直接带动了中世纪欧洲文明的重大革新。16世纪，马丁·路德翻译《圣经》，奠定了现代德语的基础。安岳借助翻译丰富了法语的发展。18世纪初俄国彼得大帝时代和19世纪中后期日本明治维新时代，翻译不仅促进了民族和国家的发展与进步，也促进了文学繁荣和语言进步（王克非1997：276）。英国、法国、瑞典、德国、喀麦隆和以色列等国家的语言发展与翻译的关系也非常密切（Delisle and Woodsworth 1995：25-26）。甚至有学者（孔慧怡1998）总结道：西方现代文明的缘起、语言的丰富与发展就在于一次次基于翻译和重译的文化传承中。

　　与阿拉伯和欧洲国家借鉴翻译改造目标原创语言的经验类似，翻译也曾促进了中华文化的飞跃和语言革新。中华民族的语言、文学、艺术、宗教等都因佛学翻译有了新发展（孔慧怡1998：3-4）。从2世纪中叶到8世纪，佛经翻译活动对中华文化产生了深远影响。18、19世纪的西学翻译促进了现代汉语词汇的发展（马西尼1997）。晚清以来传教士所译《圣经》翻译已具有白话口语化倾向，深刻影响了晚清白话文运动的欧化白话倾向（袁进2007），开启了"五四"语言运动的大潮（刘进才2007）。可以说，正是一次次的翻译活动丰富和拓展了中华文化与文明。

　　翻译对目标语言国家的语言、文化和社会产生了重要影响。近年来，国际交流逐渐增多，翻译的社会功能越来越受到重视。翻译研究领域中，翻译与目标语言变迁的研究正逐步成为国际国内考察的热点和重点（Laviosa 2007：62）。House（2009：36）高度强调了翻译在目标语言发展和语言变化中的作用：翻译与目标语言变迁研究将成为下个世纪翻译研究的重点。沈国威（2011：142）也提出了类似观点：翻译影响语言变化的研究已经引起了广泛的学术兴趣，表明研究者开始关注语言形式和表达内容的近代嬗变。

2.1.1 英化研究：基于相近语言对间的考察

　　描述翻译研究领域关注的重点是正在兴起的英化（anglicism）研究。英化指从形式上可以识别相关语言结构（如拼写、读音、语素或至少三者之一）的来源（Görlach 2003：1）。翻译研究领域的英化研究主要考察相近语言对间翻译的影响，如英语作为强势语言（dominant language）或通用语（lingua franca）在翻译过程中对其他语言产生的影响，即长时间高强度接触会影响目标语言的发展（Laviosa 2007：62）。

　　该研究的迅速发展首先得益于各种国际学术研讨会的召开，其次是政府资助的研究项目。目前，英化研究主要集中于英语翻译对德语、法语、意大利、希腊语等相近语言对的影响。较系统的研究集中在Juliane House主持的隐型翻译研究[1]项目（Covert Translation）和Steiner Erich的CroCo项目。

　　（1）研究项目

　　a.隐型翻译研究项目

　　该项目于1997年到2012年间连续获得德国自然科学基金（Deutsche Forschungsgemeinschaft）滚动支持。该项目以系统功能语法为理论指导，研究假设为：长期大量的翻译活动和语言接触中，英语的交际规范[2]（communicative convention）通过翻译逐渐扩展到目标语言，促使目标语言的交际规范发生相应变化。英语作为世界通用语和优势语言，英德翻译过程中导致文化过滤[3]（cultural filter）的影响程度逐渐减少。具体为：在英德翻译影响下，德语由注重语言概念功能转向更注重人际功能；从强调信息明晰化到信息隐型化；从关注词汇信息集中化到表达松散化等。隐型翻译

---

[1]　详见http://www.uni-hamburg.de/sfb538/projektk4_e.html，采集于2013年1月28日。

[2]　交际规范：英德交际规范存在很大差异，原因之一是翻译过程中文化过滤发挥作用。译者虽会引入新的语言结构和文化概念，但大多数时候使用的语言结构倾向于与目标语言的交际规范一致。如在英语翻译的影响下原创德语的交际规范发生了一定变化。具体见House（1997）、Kranich, et al.（2012）、赵秋荣、梁茂成（2013）等。

[3]　文化过滤：原创语言和目标语言的语言和文化环境存在很大差异，翻译过程中很难全部传达源语的所有内容。因此，翻译过程中译者不是把源语的文化和语言特征全部介绍给目标语读者，而是按照目标语言规范再创造、再现源语的语言文化语境。也就是说，翻译过程中需要使用"文化过滤"，将源语陌生的语言特征、文化因素转换为译文读者熟悉的语言、文化特征（House 1977：107）。

项目设计之初，计划考察的语言对有英德、英法、英西、英波斯语和英汉[1]翻译，既包括了语言学上的相近语言对又涵盖了距离较远的语言对。House（2003，2006，2011）、Baumgarten et al.（2004）介绍了该项目的研究基础、研究方法和研究过程；Baumgarten（2007）、Baumgarten and Özçetin（2008）、Becher et al.（2009）、Becher（2010）、Kranich et al.（2011）、Kranich et al.（2012）、Kranich（2014）等基于具体个案分析展开了论证。隐型翻译研究团队的研究方法非常值得借鉴，即综合各种类型翻译语料库的优势，这些语料库主要有：核心语料库（primary corpus）、平行语料库、验证语料库（validation corpus）和背景知识资料库等。其中核心语料库包括英德翻译、英法翻译和英西翻译；平行语料库[2]包括英语原创与德语原创；验证语料库包括德英翻译、法英翻译和西英翻译；背景资料库包括语言政策，译者、编辑、作家的采访资料等。该项目语料的主要来源是非文学文本，如科普资料、商务信函、杂志、计算机说明书等文本资料，共550个文本，预收入语料为80万词，具体见表2-1。

表2-1　隐型翻译项目语料库

核心语料库	平行语料库	验证语料库	背景资料库
英德翻译文本	英语原创文本	德英翻译文本	语言政策
英法翻译文本	德语原创文本	法英翻译文本	译者、编辑、作家的采访资料等
英西翻译文本	/	西英翻译文本	/

隐型翻译研究的科技语料主要来源于《科学美国人》（*Scientific American*），经济语料主要来源于跨国公司的公司简介和公司间的往来信函等，库容约50万词[3]。

---

[1] 该项目最初曾设计考察翻译对汉语发展变化的影响（House 2006：26），但隐型翻译研究发表的成果中未见相关研究成果。

[2] 对于平行语料库国际上有不同的说法。House 研究中的平行语料库指"两种不同的语言变体组成的语料库"，与通常意义上的"源语文本和翻译文本组成的语料库称为平行语料库"不同。

[3] 隐型翻译项目预收入语料80万词，具体见http://www.uni-hamburg.de/sfb538/projektk4_e.html，采集于2013年1月28日。但从已发表的研究成果中看使用语料约为50万词。

隐型翻译项目将整个研究阶段划分为两个时间段：第一个阶段为1978-1982年，第二阶段为1999-2002年，两个阶段各历时四年，时间间隔为20年。该研究分阶段对比了同一语言现象在不同阶段的历时变化，以及凸显了英语原创、英德翻译与德语原创之间的互动。

隐型翻译项目组[1]考察了翻译在德语变迁中的作用。这些语言现象包括：句子起始连接词方面，以英语"and"和德语"und"为例。Baumgarten（2007）从修辞结构和翻译关系两方面入手，考察了德语"und"和英语"and"在句子起始位置的使用及德语"und"的历时变化。在翻译的影响下，德语"und"的使用频率增加，表明说话者的主观、互动意识增强，翻译一定程度上改变了德语的交际规范。但现有研究还不能确定这些变化是由翻译引起。

第一人称代词复数方面，以英语"we"和德语"wir"为例。Baumgarten and Özçetin（2008）考察了第一人称代词复数英语"we"和德语"wir"的使用与历时变化。研究发现：德语译文第一人称复数在使用频率、语篇功能和位置分布等方面与原创德语的用法有很大差别，却与英语源语的使用规律更相近。表明英语源语在翻译过程中发挥了渗透作用，但对原创德语的影响却不明显。

句子起始让步连接词方面，以英语"but"，德语"aber"和"doch"为例。Becher et al.（2009）将重点放在语序和篇章视角上，他对比了英语句首转折连接词"but"和德语"aber/doch"的使用。研究发现：德语的"aber""doch"和英语的"but"在形式和功能上有很多相似点，不同的是英语的"but"更注重人际互动。第二阶段即1999-2002年间，德语译文和德语原创中"aber"和"doch"的使用频率显著增多，比第一阶段升高了119.8%。使用频率升高可能是德语原创模仿了翻译的表达，促使德语原创文本更注重人际互动。

认识情态标记（epistemic modal markers）方面，考察了英语的"might""may""can"和"must"，德语的"kann""könnte"和"dürften"等。Kranich（2009）考察了认识情态动词在英德翻译中情态强度（modal

---

[1] 项目组成员主要有：Juliane House, Viktor Becher, Svenja Kranich, Nicole Baumgarten等。

strength）的变化。她总结了英语认识情态动词翻译成德语的五种方法：零对应、情态动词、小品词、情态动词和小品词的组合以及创新翻译法等。英语源语偏好使用核心情态，而德语原创偏好使用情态形容词、副词和小品词等，创新搭配的表达也越来越多。基于情态动词的历时变化与对比研究发现：翻译过程中源语有一定渗透效应，但是否能引起原创德语的变化仍然不明确。

举例类连接词方面，House（2011）以连接词"for example"和"for instance"为例考察了英语源语对德语原创语篇的影响。研究发现：德语的"Zum Beispiel"或"beispielsweise"（例如）具有语篇和语用标记功能，在德语译文和德语原创中的使用频率不断增长。德语译文中"Zum Beispiel"和"beispielsweise"倾向于与连词"so"共现。翻译对德语原创文本有一定影响，但这种影响是有限的。该文对影响翻译发挥作用的因素并未深入展开。

Kranich et al.（2012）总结了隐型翻译的研究成果，结果如表2-2所示：

表2-2 隐型翻译研究发现及研究成果

案例分析	第一人称代词复数"we"和"wir"	句首连接词标记"and"和"und"	句首转折标记"but""aber"和"doch"	认识情态标记
源语渗透效应	有	不明显	有	有
对德语的影响	没有	没有	有	没有
研究发现	原创德语更注重人际互动，是否由翻译引起不确定	原创德语更注重人际互动，原因不明确	原创德语更注重人际互动，原创语言中作者吸收了翻译的表达方式	原创德语更注重对话，是否受翻译影响不确定

德语原创文本中，只有句首转折标记"aber"和"doch"受翻译的影响较大，其他三个案例中第二阶段的使用频率虽明显增多，但只表明源语渗透

效应发挥了一定作用，是否由翻译引起，原因尚不明确，或者翻译对德语的影响仍然非常有限（marginal）（Kranich et al. 2012：332）。

b. CroCo项目

CroCo（2005-2010）是德国萨尔大学Erich Steiner教授主持的一项研究项目，同样受德国研究基金支持，该项目以翻译中的显化为切入点研究翻译对德语的影响。

依照英语－挪威语平行语料库（ENPC）的设计准则，CroCo语料库选择的样本为：政论、散文、小说、说明书、科普文本、股东沟通交流规则、已备演讲、旅游宣传单和网站文本等八种文体（Hansen-Schirra et al. 2012）。CroCo语体内容较翻译英语语料库（TEC）和奥斯陆多语语料库（Oslo Multilingual Corpus）更丰富，主体语料库包括英语原创语料库（EO）、德语翻译语料库（GTrans）、德语原创语料库（GO）和英语翻译语料库（ETrans），既包含德–英、英–德双向平行语料库，又包括多种形式的类比语料库及多语类比语料库。库容为100万词。此外，还包括英语原创参考语料库和德语原创参考语料库，参考语料库涵盖的文体类型更多，达17种文体（赵秋荣2016）。

Hansen-Schirra（2011）、Neumann（2011）基于CroCo项目从词汇、句法和语篇层面探究了翻译德语的特征及翻译的影响。词汇方面，探讨了名词的词汇－语法实现方式和名词参照在原创德语和翻译德语中的差异。句法方面主要研究主语的使用，研究发现：主语结构在翻译德语和原创德语中非常相似，表明翻译过程中译者比较容易复制英语的主语结构。语篇方面以衔接为例，考察了参照、代替、省略、连接词、词汇衔接等在原创德语和翻译德语中的使用。结论是：翻译方向在翻译过程中发挥着重要作用，英德翻译对德语的影响远远大于德英翻译对英语的影响。不同文体中源语渗透效应发挥作用的程度也不一样，与非文学类文本相比，小说文本更容易受到源语影响。

c. 其他个案

Bisiada在英德翻译对德语原创的影响方面做了较多探索，分别从原因从句（Bisiada 2013）和让步结构（Bisiada 2016）入手，分析了1982-1983年间和2008年两个时间段翻译对德语的影响，发现原因从句中商务文本类翻译德语和原创德语都有从形合向意合发展的趋势；让步连接词在句首位置的使用频率越来越高，与英语源语的使用规范一致。研究表明：这种使用趋势首先出现在翻译德语中，再出现在原创德语中，有可能是翻译影响下产生的变化。

Gottlieb（2004）考察了翻译对丹麦语的影响；Amouzadeh and House（2010）基于科技文本分析了翻译对波斯语的影响；Laviosa（2010）基于经济文本语料库研究了翻译对意大利语的影响；Hoey（2011）基于《卫报》探索了翻译对葡萄牙语的影响；Junge（2011）基于商务文本语料考察了翻译对日语的影响；McLaughlin（2011）通过新闻文本语料库，探索了翻译对法语的影响。Malamatidou（2013，2016）基于翻译希腊语和原创希腊语语料库，以1990/1911和2009/2010为时间段，研究希腊语科技翻译中被动语态的历时变迁，研究发现翻译在希腊语被动语态发展中发挥着潜在的重要作用。

（2）学术会议与学术专著

翻译引发的目标语言变迁研究也得益于各种国际学术研讨会的召开与学术论著的出版。以往语言接触研究多集中于语言学领域，从翻译学视角展开的研究相对较少。2006年9月，德国雷根斯堡大学（University of Regensburg）召开"欧洲英化研究"[1]（Anglicisms in Europe）学术研讨会。该会议以词汇为主要切入点，研究英语作为国际语言对欧洲其他语言的影响，探讨语言和语言背后的政治、经济、文化和社会的互动关系。2008年，剑桥学者出版社出版了会议论文集《欧洲的英化：国际语境下的语言多样性》（*Anglicisms in Europe：Linguistic diversity in a global context*）探讨翻译的影响。

2009年12月，德国汉堡大学召开"多语话语产出"（Multilingual discourse production）研讨会[2]，会议主题是翻译与目标语言变化研究。2011年，约翰·本杰明出版社出版了会议论文集《多语话语产出：历时和

---

[1] 具体信息见：http://www.uni-regensburg.de/Fakultaeten/phil_Fak_IV/Anglistik/aie/index_eng.html，采集于2013年1月28日。

[2] 具体信息见：http://www.uni-hamburg.de/sfb538/workshopmdp.html，采集于2013年1月28日。

共时的视角》(*Multilingual discourse production: Diachronic and synchronic perspectives*)。

2010年10月，德国汉堡大学再次召开国际研讨会探讨翻译与目标语言的关系。会议主题为"多语个体和多语社会"(Multilingual Individuals and Mulitilingual Societies)，主要从个案研究和社会语境视角入手探讨多语语境下翻译触发的语言变化。2012年约翰·本杰明出版社出版了论文集《多语个体和多语社会研究》(*Multilingual individuals and multilingual societies*)。

2013年3月，东芬兰大学召开"学科交叉中的语言接触"(*Language Contacts at the Crossroads of Disciplines*)，从接触语言学、语言习得和翻译视角探索了翻译对目标语言发展的影响。2014年剑桥学者出版社出版了《学科交叉中的语言接触》(*Language contacts at the crossroads of disciplines*)。

2013年10月，汉堡大学举行第二届"多语个人和多语社会"国际研讨会 (Multilingual Individuals and Mulitilingual Societies II) 等。学术会议的举行有力推动了该研究的发展。

此外，学术专著也为该研究的进展注入了活力。

Görlach (2001) 编写了《欧洲语言英化词典》(*A dictionary of European anglicisms*) 详细分析了英语对德语、西班牙语、希腊语等16种欧洲语言的影响。2013年国际期刊《口笔译培训》(*The Interpreter and Translator Trainer*) 出版专刊《英语作为国际语言：对译者教育的启示》(*English as a Lingua Franca: Implications for translator and interpreter education*)，专刊讨论了英语作为通用语对翻译教学、口笔译培训和跨文化交流等方面的影响。

翻译在语言接触中的作用受到越来越多的关注和重视，研究者认识到翻译在语言变化尤其在目标语言语法系统和交际规范发展中发挥着重要作用。研究者用不同的隐喻强调了翻译在语言接触和语言变化中的作用，如传递者 (conveyor) (Gottlieb 2004：176)、通道 (gateway) (Baumgarten 2005：2)、导管 (conduit) (Baumgarten and Özçetin 2008：293) 等。Becher et al. (2009：147-148) 提出翻译是引起两种语言间融合和偏离的"诱因" (trigger)，如果目标原创语言和源语语言结构的形式和功能相似，两种语言趋向融合，否则导向偏离；Hoey（2011：167）强调翻译是促进语言变化的"引擎"（engine），在语言变化中的作用决不可小觑。

综上所述，国际上对翻译尤其是英语翻译触发的目标语言变迁研究进行了系统、深入的考察，其研究方法、研究发现以及结论对我们考察翻译与现代汉语白话文的变迁研究有很大启发。然而，这些研究仍有一定局限性，主要表现在：

（1）研究语言对上，国际上的研究多集中于相近语言对，如英德、英法、英意、英语－波斯语、英语－希腊语之间，尤以英语翻译影响德语变化的研究讨论得最深入。类型学上距离较远的语言对之间的考察，还比较缺乏。但类型学上相距较远的语言对如英汉语言对之间的研究更能丰富翻译触发的目标语言变迁研究。

（2）研究语料文本类型上，国际上的研究多集中在科技文本、经济文本等非文学文本，其他体裁如文学文本的研究比较欠缺。不同文本类型研究的结果是否有差异仍需进一步探讨。

（3）研究方法上，翻译影响目标语言变化的研究多采用语料库的方法，但语料库的库容相对较小，如隐型翻译研究的语料库库容大约为50万词左右。较大规模语料库的研究会得出怎样的结论？相似或相去甚远？这仍有待于深入研究。

（4）社会语境因素上，社会语境是语言借用和语言复制顺利进行的最重要外因之一，其作用不可忽视。上述研究对翻译触发语言变化的社会语境多语焉不详。因此，需结合社会背景进一步探讨语言接触与语言演变之间的关系。

正如Laviosa（2010：5）所言：翻译引起语言变化的实证研究远远没有达到一致（far from consistent），尤其是不同语言对、文本类型以及研究方法等方面仍需要进一步探索和研究。翻译作为语言接触的一种形式，在语言学研究和翻译研究领域的考察仍然不够充分（Kranich et al. 2011：3）。

2.1.2 欧化研究：现代汉语白话文的早期发展

现代汉语白话文的欧化与其所处的历史阶段和社会环境密切相关。因此必须结合社会历史现状，才能了解现代汉语白话文的早期发展、欧化成因、特点、影响以及围绕欧化展开的一系列争论等。

2.1.2.1 现代汉语白话文的早期发展

现代汉语白话文[1]有广义和狭义之分。广义上，现代汉语白话文包括各种方言；狭义上，指现代汉民族的共同语。现代汉语白话文指以北京语音为标准音，以北方话为基础方言，以典范的现代汉语白话文著作为语法规范的普通话（胡裕树1995：4；黄伯荣、廖旭东2002：1）。

汉语白话文的发展变化经历了不同阶段，但具体分期众说纷纭，王力（1980：35）提出汉语白话文的发展大约分为四个时期，具体为：

（1）公元3世纪以前（五胡乱华以前）为上古期（3、4世纪为过渡阶段）；

（2）公元4世纪到12世纪（南宋前半）为中古期（12、13世纪为过渡阶段）；

（3）公元13世纪到19世纪（鸦片战争开始）为近代（自1840年鸦片战争到1919年"五四运动"为过渡阶段）；

（4）20世纪（"五四运动"以后）为现代。

该观点得到许多语言学家的支持，如刁晏斌（2006a：11）、马景伦（2002）等，他们也认为现代汉语形成或最终确立于"五四"时期，也就是以"五四"为中心点，包括此前与此后一段时期的这样一个时间段。

语言变化是个长期缓慢的渐变过程，应当有个过渡期。本书采用王力和刁晏斌等的说法，重点考察1910-1949年间现代汉语白话文的发展。为了凸显现代汉语白话文的历时变迁，"五四"前一段时间的语料也纳入参考范围。

现代汉语白话文的形成、发展和变化是个非常复杂的过程。要弄清楚它的发展还需了解几个概念，即"传统白话""现代白话""浅近文言"和"官话"。

传统白话也称旧白话或古白话，是唐宋以后在北方话的基础上形成的书面语。它以口头语为基础，夹杂一些文言成分。唐朝的变文、敦煌通俗文学作品、宋话本、元戏曲以及明清章回小说等都是古白话（张中行1997）。明清以后，"白话"作品更加丰富，尤以《红楼梦》《儿女英雄

---

[1] 本书中"现代汉语"和"现代汉语白话文"指同一个概念。

传》等为典型代表，这些作品浅显易懂，流传很广，拥有广大读者，是未受西文影响[1]的旧白话代表。口语方面，以北京话为基础的北方方言称为"官话"，逐渐成为主要交际语言。"文言"相当长时间在中国历史上占统治地位，汉民族用"文言"作为统一书面语。后来文言与口语的距离越来越远，能够使用文言的人逐渐占少数；而另一种同口语紧密相连的书面语也就是"白话"却逐渐发展起来。宋元以后，"白话"文学迅速发展，成为我们现在使用的现代汉语白话文的主要源头。

晚清时期，西方列强不断入侵。许多爱国人士认识到西方国家技术先进、国力强盛，于是掀起一股学习西方的浪潮，如洋务运动等。但一次次革新的失败使新一代知识分子认识到文言的弊病是中国落后的原因之一，要改变中国落后蒙昧的状态，必须废文言、兴白话。因此，一些维新人士和新文化运动的知识分子重视"白话"的作用，积极提倡使用"白话"，如袭廷良发起"白话文运动"。他在《论白话为维新之本》中提出"崇白话而废文言"的口号，痛斥"文言"为"愚天下之具"，而"白话"是"智天下之具"。据统计，1900年到1911年共出版了111种白话报刊，人们"多于执业之暇，手执一纸读之"（姚鹏图1905，转引自陈平原、夏晓红1997），影响之大，可见一斑。

周作人（1988）曾论述晚清白话文与现代白话文的不同："晚清的白话文和现在的白话文不同，那不是白话文学，只是因为想要变法，要使一般国民都认些字，看报纸，对国家政治都可明了一点，所以认为用白话文写文章可得到较大的效力"。蔡元培在《中国新文学关系》"总序"中也认识到"那时的白话文是专为通俗易解，以普及常识，并非取文言文而代之。"也就是说，新文化运动期间提倡的"白话文运动"与维新运动时提倡用白话文写文章的性质截然不同。

20世纪初，白话虽逐渐取代了文言，但人们仍不断批评和责难传统白话语法不精密、不完备，表达贫乏，不能表达复杂的思想。"五四"知识

---

[1] 王力（1943/1985）在《中国现代语法》中将《红楼梦》《儿女英雄传》作为未受西文影响的白话文代表。早期佛经翻译虽吸收了外来语言的一些成分，但已经融入汉语血液，不再认为是"异质"成分。

分子大力倡导改造现代汉语，如傅斯年（1919）所言："可惜我们使用的白话，同我们使用的语言一样，犯了一样的毛病，也是其直如矢，其平如底，组织上非常简单。"陈望道（1921）也指出现代汉语白话文存在问题："中国原有的语体文，太模糊而不精密……文法需要改进之处也很多。"他认为解决的方法是"语体文底欧化"，而且"凡是思想精密、知道修辞、了解文法的人们，一定不会反对语体文底欧化，而且认为必要"。更重要的是，语法不精密不仅仅是语言缺陷，更上升到思想高度，即思想贫乏的反映。因此，"五四"知识分子大力倡导改造现代汉语，鲁迅（1931）是积极提倡者之一，他明确指出：

> 译本，不但在输入新的内容，也在输入新的表现法。中国的文或话，法子实在太不精密了，作文的秘诀，是在避去熟字，删掉虚字，就是好文章，讲话的时候，也时时要辞不达意，这就是话不够用。……这语法的不精密，就在证明思路的不精密。

新文化运动的知识分子积极提倡输入新表达法，途径就是"欧化"，也就是借翻译改造现代汉语白话文，但此时"欧化"与晚清"欧化"[1]有本质区别。晚清时的欧化文法多是译者无心之举，而"五四运动"时的"欧化"则带有明显的改造现代汉语白话文的意图，这是二者的本质区别。

2.1.2.2 欧化的定义及来源

"欧化"界定很多，不仅有广义、狭义之分，也有褒义、贬义之别。张星烺（2000）论述道：所谓"欧化"，"兹不论其高下，与夫结果之善恶，但凡欧洲人所创造，直接或间接传来，使中国人学之，除旧布新，在将来

---

[1] 新文化运动以前的作品中已有欧化迹象，如周作人发现"《马太福音》是中国最早的欧化的文学的国语（周作人1988）"。袁进（2007）认为："大概在19世纪60年代之后，古白话渐渐退出传教士翻译的历史舞台，欧化白话开始登场。这些译本是中国最早的欧化白话文本。"

历史上留有纪念痕迹者，皆谓之欧化"。欧化还包括"有形欧化"即欧洲物质文明之输入和"无形欧化"即欧洲思想文明之输入。

　　本书研究的欧化主要指语言方面的输入与影响，尤其是翻译过程中采用直译过度模仿西方语言结构，造成译文带有明显外国语语法痕迹的做法。欧化文或欧化句式一般句子较长，主要是定语结构较长或含有多层修饰结构，带有浓厚的"翻译味"。欧化句式与汉语语法规则之间仍有一定距离，被认为是模仿外语结构的做法，"欧化"也因此带有一定负面意义。王力（1954/1984：433）指出：

　　　　严格的说，欧化语法不能认为是中国现代语法。因为它只是知识社会的一种特殊语法，这种特殊语法也往往只出现在文章里。知识分子只占一个极小的比例，他们的特殊语言用法还不足以代表大众语言。但它们频繁出现在文人笔下、至少侵入到文法领域了。

　　王力（1943/1985，1954/1984，1980）、Kubler（1985）、谢耀基（1990）、刁晏斌（2006a）、贺阳（2008）等认为"欧化"既包括模仿印欧语法结构出现的新兴语法现象，也包括在印欧语影响下充分发展的语法形式。本书采用他们的定义，"欧化"语法现象主要指现代汉语白话文模仿印欧语言产生的新兴语法现象；或在翻译影响下扩展现代汉语白话文已有的用法；或临时出现的新兴语法现象；或因高频使用逐渐固化为现代汉语白话文一部分的语法现象。

　　欧化的重要来源之一是直译，因此，翻译与白话文欧化关系密切。梁实秋（1929）一语中的：欧化文的起因和翻译有一定关系，尤其和"硬译"密切相关。20世纪初，外国文学作品大量译入过程中，潜移默化地"产生了一种新的白话文；语法结构和辞气有一些外国语的迹象；从总体上看，已不是传统小说使用的白话文"（施蛰存1990）。语言学家也持类似观点，尤其是王力（1954/1984：501）对欧化的论述最多："谈欧化，往往谈翻译，有时差不多竟把二者混为一谈，这也难怪，本来欧化的来源就是翻译，译品最容易欧化。因为顺着原文的词序比较地省力。"他将欧化语法的来源归结为译品、准译品和以西语为腹稿的作品。他还认为青年们的欧化文章都是从它们里面转学来的。朱德熙（1987：33）也认为欧化语法与翻译关系密切："从'五四'白话文运动开始以来，逐渐形成的现代书面语不断受到印欧语（特别是英语）的直接或间接（通过翻译作品）的影响，产生了一些所谓的'欧化句法'。"

大规模翻译活动下高强度语言接触中的翻译更容易引起欧化，因此，大规模翻译活动得以迅速开展的因素如社会语境因素自然不容忽视。一般而言，翻译作品越受重视，翻译活动就越活跃，进而翻译作品就越丰富，翻译影响的范围就越广，深度就越强，对目标语言系统的文化和语言影响就越大。

从人类发展史上看，翻译，尤其是大规模、系统的、有计划的翻译，大多只有一个目的，就是介绍新思想。新思想译介的同时，还丰富了语言、文字与文体。郎损（沈雁冰）（1921）在《新文学研究者的责任与努力》中明确表示："介绍西洋文学的目的，一半是预介绍他们的文学艺术来，一半也为介绍世界的现代思想——而且这应是更注意的目的。"雷海宗（1951）指出："如果甲种文字地区认为乙种文字地区有大批的、成套的作品，其中含有甲区的人所急于要吸收的思想、技术与经验，在这种情形下，甲区的人必须学习乙区的语言文字"。20世纪初，"五四"新文化运动时中国正处在历史转型期，一方面需要吸收现代化思想，另一方面白话文刚代替了文言文，发展方向还不明确。因此，当时翻译承担着重塑新文化的特殊历史使命：引入新的语言形式、思维方式及现代化的思想。

其次，新文化运动知识分子提倡通过翻译吸收西语的语言结构，促进了现代汉语白话文的欧化。长久以来，文言文处于绝对正统和主导地位。宋元以来的旧白话作品、鸦片战争后西方传教士的欧化白话存在诸多不足，词汇、句法等非常有限，远远不能适应表达现代科学思想的需要。1917年，胡适在《新青年》二卷五号发表《文学改良》，提出"白话文学为中国文学之正宗"；《谈新诗》（胡适 1919）中也提到语言革新对文学革命的重要性："这次中国文学的革命运动，是先要求语言文字和文体的解放，新文学的语言是白话的。""建设新鲜的立诚的写实文学""建设明了的通俗的社会文学"。陈独秀（1919）在《新青年》二卷六号上发表《文学革命论》，主张"建立平易的抒情的国民文学"；傅斯年（1919）提倡通过翻译改造现代汉语白话文，而"直译是存真的必由之径"。鲁迅（1934）指出了欧化的重要性："欧化文法侵入中国白话中的大原因，并非因为好奇，乃是为了必要。"胡适（1935）积极提倡以翻译文学为新文学的范本等。新文化运动时的各路先锋不断撰文，阐述欧化的必要性和重要性，一定程度上促进了现代汉语白话文的欧化。

再次，晚清到"五四"新文化运动短短几十年间，中国译界出现的翻译高潮促进了翻译活动的盛行。觉我（徐念慈）（1907：3）统计"以丁未年（1907年）小说界发行书目调查表为由上年印行者计之，则著作者十不得一二，翻译者十常居八九"。这次翻译高潮以译介外国文学为主，仅发表的翻译小说一项，就有1,000种左右（谢天振、查明建2004：29）。18世纪、19世纪欧洲文学大国如英、法、德、俄、西班牙、意大利等国主要作家的文学作品这段时期几乎都有了中文译本。19世纪最后一二十年间才出现的作品也迅速有了中国译本（施蛰存1990）。

20世纪最初几十年，也是中国近代文学期刊的繁荣期，在文学期刊上竞相发表的翻译作品一定程度上促进了翻译文学的流行。期刊发行快、售价低，拥有广泛的读者群，基本可以反映当时社会关于翻译文学的观点，以及当时翻译繁荣的盛况。比较知名的期刊有《新小说》（1902）、《绣像小说》（1903）、《新新小说》（1904）、《小说世界》（1905）、《新世界小说社报》（1906）、《月月小说》（1906）、《小说林》（1907）、《小说时报》（1909）、《小说月报》（1910）等（谢天振、查明建2004：44）。这些期刊在"稿约""通告""发刊词"等处明确表明倾向收录翻译作品，如《小说时报》第二十四期"本报通告"中提到："时下新著翻译外国名作以及笔记图书等类贡献社会"。各种文学期刊还相继刊载了翻译专号和英美文学专号（王建开2003：143-157）。上述种种，都促进了翻译作品的繁荣。

2.1.2.3 欧化的特点

总结起来，欧化主要有以下几方面的特点：

（1）欧化大致是英化

王力是国内最早从语言学视角系统研究欧化的学者，他（1943/1985：334）明确提出："所谓欧化，大致就是英化，因为中国人懂英语的比懂法、

德、意、西等语的人多得多。拿英语作比较研究是更有趣的事。"Kubler
(1985: 25) 引用Bauer (1964) 在《西方文学及共产主义中国的翻译著作》
的调查数据说明英语的影响：1910-1935年间出版的所有著作中17.9%（即
2,790部）为翻译作品。这些翻译作品中62%译自英国或美国作品，13%来
自俄国作品，12%来自德国作品。据此，他得出结论：英语在中国影响最
大，学习、阅读、翻译和研究英语的人也最多，中国文化人中会英语的也
最多，欧化的主要来源是英语。

《中国新文学大系》列有"小传"的141位作家中，到国外留学或工
作的占60%以上，其中绝大部分留学欧美。"五四"作家中学习英语专业
的占一定比例（严家炎 2001: 169-171），傅斯年（1919b）在《怎样做白
话》中也提到英语的影响，"日本的语言文章很受欧化的影响；我们的说话
做文，现在已经受了日本的影响，也可算得间接受了欧化的影响了。"老志
均（2002: 10）也发现：现代汉语中虽然日化很多，但更多是由英语转译而
来。所以，说到底，还是英化。持相同观点的还有朱德熙（1987）、谢耀基
（1990）、贺阳（2008）等。

(2) 欧化对汉语书面语的影响更大

翻译是现代汉语白话文欧化的主要原因，而翻译发生渠道和影响的
范围主要是书面语，对口语影响相对甚微。王力（1943/1985: 334）谈
到欧化语法时论述道：欧化语法研究至少需要以下两个认识：第一，欧
化往往只在文章中出现，口语里出现的少。所以多数的欧化语法只是文
法上的欧化，不是语法上的欧化；第二，只有知识社会的人用惯了它，
一般民众并没有用惯。也就是说，书面语是翻译触发语言接触的主要传
播媒介；欧化更多地出现在知识分子的作品中，书面语受欧化的影响相
对更大。

2.1.2.4 欧化的发展阶段及社会影响

(1) 大力提倡欧化

"五四"新文化运动前后大力提倡用翻译改造现代汉语白话文。但
1930年前后出现欧化反思。可以说，翻译语言经历了不同的发展阶段。这
个过程中人们对欧化的态度也不断发生变化。

新文化运动初期，积极提倡欧化。新文化运动的知识分子积极主张并大力倡导借用翻译改造现代汉语白话文。社会上有影响的学者或知识分子多积极响应欧化主张，通过撰文、发表声明等提倡欧化。胡适（1935）倡议"只有欧化的白话才能应付新时代的新需要。"居全国文学发行量之首的《小说月报》发表了多篇文章提倡使用欧化的白话文。"创作家及翻译家应该大胆使用欧化文法（沈雁冰 1921b）""我极赞成语体文的欧化（郑振铎 1921）"，欧化可以使现代汉语"丰富柔软，能够表现大概感情思想（周作人 1922）"，鲁迅（1931）也反复强调欧化对于创造新的现代汉语白话文的重要意义："中国的文或话，法子实在太不精密了……要医这病，我以为只好陆续吃一点苦，装进异样的句法去，古的，外省外府的，外国的，后来便可以据为己有"；他还说"要说的精密，固有的白话不够用，便只得采些外国的文法。"可见，鲁迅译本中的欧化句式多来源于其有意为之。

周作人是主张欧化的代表之一，他主张直译是最好的方法。"我以为此后译本，……要使中国文中有容得别国文的度量，……又当竭力保存原作的'风气习惯，语言条理'。最好是逐字译，不得已也应该逐句译，宁可'中不像中，西不像西'，不必改头换面"（周作人 1918a）。他在翻译文本的序言中反复强调其翻译策略，认为直译是其特别之处。《点滴》序中他说，"这部短篇小说集有两处特别的地方，其一就是直译的文体"；译文集《陀螺》（周作人 1925）序中论述道，"我现在还是相信直译法，因为我觉得没有更好的方法。"

傅斯年也是直译的积极提倡者之一，"我们想存留作者的思想，必须存留作者的语法。……所以直译这种办法，是'存真'的'必由之径'（傅斯年 1919a）。1919 年 2 月，《新潮》1 卷 2 号刊发了他的《怎么做白话文》，副标题为："白话散文的凭籍———一，留心说话，二，只用西洋词法。"他主张欧化的白话是补救中文弊病的唯一办法。方法是：

> 在乞灵说话以外，再找出一宗高等凭借物。这高等凭借物是什么，照我回答，就是直用西洋文的款式，文法，词法，句法，章法，词枝（Figure of Speech）……一切修辞学上的方法，造就一种超于现在的国语，欧化的国语，因而成就一种欧化国语的文学。

刘复（字半农）（1926）也支持直译法，他说"我们的基本方法，自然是直译。因是直译，所以我们不但要译出它的意思，还要尽力把原文中语言的方式保留着"。沈雁冰（1921b）指出，"直译"这名词，"五四"后成为权威；Kubler（1985：26）提出："中文和英文有明显差异的地方很多。翻译过程中译者会采用直译的翻译方法，自觉或不自觉地借用外语的语言或句法，形成欧化表达法。这时的直译，并非出于懒惰或知识水平不足，而是自觉吸收。"

新文化运动的提倡者不仅从理论上论述欧化的重要性，还身体力行进行翻译实践。《新青年》创刊后，周作人、鲁迅、钱学同等将《新青年》作为倡导直译的重要阵地。从第一号开始刊登双语对照文章，原创与译文采用横排书写方式，原文与译文一一对应，读者很容易从形式上看出译者是否采用直译的方法与策略。

除了翻译策略外，当时的学者也思考应该选择什么样的资料或文本进行翻译。傅斯年（1919b）建议应该在译文选择上下工夫："最好是挑选若干有价值的西洋文章，用直译的笔法去译他；径自用他的笔调，句调，务必使他原来的旨趣，一点也不失，这样练习久了，便能自己做出好文章。"胡适（1935）建议翻译国外名著时须采用的方法是："西洋的文学方法，比我们的文学，实在完备的多，高明的多，不可不取例……如果我们真要研究文学的方法，不可不赶紧翻译西洋的文学名著做我们的模范。"他还建议采用白话进行翻译："需要尽量采用《儒林外史》《西游记》中的白话，可用'今日的白话、或用文言'来辅助"；后来，他又明确提出："译文用白话，建设'新文学论'的唯一宗旨是'文学革命'与'国语运动'的统一。"

翻译中的直译是模仿外语结构、引进新语言表达的最直接途径。而模仿外语结构、引进新句法是为了引进新的语言表达。新文化运动初期的欧化是积极、主动地吸收外国语的语言和形式特点，使用白话进行翻译也逐步提上日程。

"五四运动"期间，欧化虽得到新文化运动知识分子的广泛认可，但倡导者之间存在一些分化，这些分化来源于对欧化程度的不同理解。

傅斯年（1919b）主张积极全面改造汉语，他认为理想的白话文应该是：

逻辑的白话文：就是具逻辑的条理，有逻辑的次序，能表现科学思想的白话文。哲学的白话文：就是层次极复，结构极密，能容纳最深最精思想的白话文。美术的白话文：就是运用匠心做成，善于表达人人情感的白话文。……这三点，西洋文早就做到了。我们拿西洋文当做榜样，去模仿他，正是极恰当极简便的方法。所以这理想的白话文，竟可说是——欧化的白话文。……制造白话文，同时负了长进国语的责任，更负了借思想改造语言、借语言改造思想的责任。……要运用精密深邃的思想，不得不先运用精密深邃的语言。此时的欧化，不仅仅是改造语言的工具，更是改造思想的工具。

（2）理性看待欧化

有一些知识分子看待欧化的态度相对理性，他们认为欧化只是改进现代汉语白话文的一种实验，欧化应有一定限度。沈雁冰（1921a）的观点有一定代表性：

我们应当先问欧化的文法是否较本国旧有的文法好些，如果确是好些，便当用尽力量去传播，不能因为一般人暂时的不懂而便弃却。所以对于采用西洋文法的语体文我是赞成的，不过也主张不离一般人能懂的太远。

接着，他又论述了欧化语法是改造现代汉语白话文的实验：

我觉得现在创作家及翻译家极该大胆把欧化文法使用；至于这些欧化文法孰者可留孰者不可留，那是将来编纂中国国语文法者的任务……因为外国文法之能否引入中国语里，也要先去试验，不能在书房里论定。

周作人提倡采用实验的方法："可以将欧化的国语缩写的一节创作或译文，用不欧化的国语去改作，如改的更好了，便是可以反对的证据。否则大可不必空谈。"

赵元任（1922：11）将翻译《阿丽思漫游奇境记》看作欧化的实验。他力图译得"得神"，从而"这个译本亦可以做一个评判语体文（白话文）成败的材料"。他提出理想的汉语白话文不能急于求成，需要经过多次试验，翻译是其中的"试验田"。郑振铎（1921）也认为语体文的欧化应有一个程度，"他虽不像中国人向来所写的语体文，却也非中国人所看不懂的。"

（3）欧化论争与反思

许多期刊就欧化限度进行了激烈的讨论。《小说月报》和《文学旬刊》等成为当时讨论欧化的重要阵地。当时支持欧化与反对欧化的声音并存。反对派主要来自"学衡派"。他们把欧化与"率尔操觚""诘曲聱牙"等词联系在一起。吴宓（1923）的观点代表了部分人的批评："然多用恶劣之白话及英语标点等，读之者殊觉茫然而生厌恶之心。……在通英文者读之，殊嫌其多此一举，徒灾枣梨。而在不通英文者观之，直如坐对原籍，甚或误解其意。"这种声音有一定代表性，但由于主张欧化者众多，反对者相对占少数。

从"五四运动"到20世纪30年代，短短十几年，欧化已渗入到现代汉语白话文的方方面面。20世纪20年代后期，人们意识到欧化汉语偏离汉语传统较远，有些方面不能被接受。欧化汉语开始受到质疑，社会上出现"欧化反思"现象。首先受到质疑的是直译的翻译方法，讨论的焦点是鲁迅"硬译"的翻译主张。学者围绕"硬译"展开了两次大讨论，第一次是鲁迅与梁实秋"硬译"之争，第二次是鲁迅与瞿秋白关于翻译的通信。

（a）鲁迅与梁实秋的"硬译"之争

鲁迅翻译实践较多，但没有出版翻译方面的著作，他的翻译主张散见于其译作附言和译论中。鲁迅提倡"硬译"。他认为"硬译"是克服"中国文"缺点的出路（鲁迅1929）：

> "因为译者的能力不够和中国文本来的缺点，译完一看，晦涩，甚至而于难懂之处也真多；倘将仿句拆下来呢，又失去了原来的精悍的语气。在我，除了还是这样的硬译之外，只有'束手'这一条路——就是所谓的'没有出路'——了，所余的唯一希望，只在读者还肯硬着头皮看下去而已。"

1931年，他分析了"顺"和"不顺"译文的最终"归宿"。

> "现在容忍'多少的不顺'，倒并不能算'防守'，其实也还是一种的'进攻'。在现在民众口头上的话，那不错，都是'顺'的，……其中的一部分，将从'不顺'而成为'顺'，有一部分，则因为到底'不顺'而被淘汰，被踢开。"

可以看出，"硬译"是鲁迅有意为之，目的是为了弥补"中国文本来的缺点"，硬译后形成"顺"的译文和"不顺"的译文。"顺"的译文将成为中国文的一部分，"不顺"的译文或变成"顺"的译文，或因经不起考验，最终被淘汰。

梁实秋不同意鲁迅"硬译"的主张。梁实秋（1926）在《晨报副镌》发表《现代中国文学之浪漫的趋势》，批评翻译中的硬译；1929年，他又在《新月》刊载了《论鲁迅先生的"硬译"》，挑战鲁迅硬译的主张：

我们不能因为中国文'本来的缺点'，便使读者'硬着头皮看下去'。我们不妨把句法变化一下，以使读者能懂为第一要义……假如'硬译'还能保存'原文精悍的语气'，……还能说中国文是有缺点的吗？

为了回应梁实秋的观点，鲁迅（1930）发表了《'硬译'与'文学的阶级性'》，以日语吸收新句法为例，再次提出中国文本来是有缺点的，需要改造。而"硬译"是权宜之计，"硬译"与目前中国文的不完善息息相关，因为"硬译"比"化为几句"更能"保存原文的精悍的语气"。

梁实秋接着发表了《答鲁迅先生》，将论战焦点从翻译转向文学的阶级性以及普遍人性等问题上。他认为鲁迅的翻译晦涩难懂，是因为其'糊涂与懒惰''能力不够'[1]。梁实秋又发表了《所谓'文艺政策'者》《鲁迅与牛》进一步批判鲁迅的翻译。鲁迅则在《鲁迅译著书目》一文中还击。接

---

[1] 鲁迅自言不懂英语，是自谦的说法。雪融《鲁迅英语水平考》中考证：鲁迅借助词典可以读懂难度为初级的英语，能够听懂日常会话。他早期和后期都出版了翻译作品，早期是在周作人的协助下完成的，后期则独立完成。鲁迅本人所说的"英语莫不相识"，不完全是事实，一定程度上是自谦。当然他的英语程度与日语、德语相比，确乎相距甚远，而且这自谦的话是在北京时说的，后期他就不说这样的话了（转引自老志均 2002：12）。

着梁实秋又撰写了《鲁迅的新著》一文，再次予以还击。一来一去几个回合后，两人的论战从探讨翻译方法蔓延到其他领域。借助此次论战，鲁迅再次表明了"硬译"是权宜之计，原创汉语能接受一部分"顺"的译文，而"不顺"的译文最终将被淘汰。

（b）鲁迅与瞿秋白关于翻译的通信

鲁迅坚持"中国文有缺点"，而"硬译"是改造现代汉语白话文的出路。瞿秋白也认为现代汉语白话文语言贫乏，需要借助翻译改造现代汉语，这点上两人的观点基本一致。

瞿秋白（1931）给鲁迅的信《论翻译》中写道：

> 翻译——除出能够介绍原本的内容给中国读者之外——还有一个很重要的作用：就是都助我们创造出新的中国的现代言语。……翻译，的确可以都助我们造出许多新的字眼，新的句法，丰富的字汇和细腻的精密的正确的表现。

两位学者都认识到翻译在现代汉语发展中将发挥重要的作用，但分歧体现在翻译过程中用什么语言翻译。瞿秋白（1931）坚持："翻译中要求的是绝对的正确和绝对的白话。所谓绝对的白话，就是朗诵起来可以懂得的。""如果在创造新的字眼习得句法的时候，完全不顾普通民众口头上说话的习惯"，这样的语言是"死的言语"。因此，他认为"直译"应当是"中国人口头上可以讲得出来的白话来写。为着保存原作的精神，并用不着容忍'多少的不顺'。相反的，容忍着'多少的不顺'（就是不用口头上的白话），反而要多少的丧失原作的精神。"原则应是"绝对用白话做本位来正确的翻译一切东西。"要创造新的表现方法，"必须顾到口头上'能够说的出来'的条件。"

鲁迅在回信中指出：译书时，需要将读者分为几类，"甲类，受了教育的；乙类，略能识字的；丙类，识字无几的，应该在'读者'的范围之外。"也就是说，按读者接受教育程度的差异，鲁迅将读者进行分类，不同的读者群阅读不同译法的文章。"译给甲类读者的译本，不但在输入新的内容，也在输入新的表现法。中国的文或话，法子实在太不精密了，作文的秘诀，是在避去熟字，删掉虚字，就是好文章，讲话的时候，也时时辞不达意，这就是话不够用。"鲁迅指出方法应当是"要医这病，我以为只好陆续吃一点苦，装进异样的句法去，古的，外省外府的，外国的，后来便可以据为己有。"此外，为乙类读者所译的书："也应该时常加些新的字眼，新的语法在里面，但自然不宜太多，以偶尔遇见，而想一想，或问一问就能懂得为度。"

瞿秋白坚持翻译中应使用"口头的白话"，因为翻译的目的是服务于最普通的百姓；而鲁迅则认为：译文读者应是知识分子阶层，即"以无产文学批评家自居的人，和一部分不图'爽快'，不怕艰难，多少要明白这理论的读者。"可见，鲁迅与瞿秋白关于白话文论述的差异集中在读者群上，前者认为读者主要是知识分子阶层，后者则认为主要是最普通的百姓：知识分子阶层可以阅读"硬译"的文章，而普通百姓则较难接受此类译文。1930年前后，围绕翻译如何改造现代汉语白话文的问题又展开了系列争论，特殊社会语境下的讨论不免带有些许政治色彩，但这些讨论对于初创期现代汉语白话文的改革仍有一定意义。

初创期的现代汉语白话文没有完全定型，也未形成一定标准，更没有人能够确定什么样的白话文是正确的。此时的现代汉语白话文向任何方面发展都有可能（Kubler 1985：24）。知识分子阶层提倡借助翻译改造现代汉语，翻译汉语顺理成章成为现代汉语白话文借鉴的最好"范本"，为初创期的现代汉语白话文提供模仿的资源。可以说，特殊历史时期是促使翻译肩负改造现代汉语白话文重任的重要因素，是决定欧化翻译在现代汉语白话文变迁中发挥作用的关键之一。欧化的现代汉语也基本遵循鲁迅的论述，适度欧化将促进现代汉语白话文的发展，违反语言发展规律和认知规律的过度欧化将因"不顺"而被淘汰。

2.1.2.5 欧化的研究成果

从"五四"新文化运动到20世纪30年代，欧化主要从借鉴外语有用成分、丰富现代汉语白话文的角度开展，从语言学或翻译学等视角进行理论阐释的探索相对较少。此后相当一段时间内，欧化研究几近空白。从20世纪40年代开始，王力开始从语言学视角研究欧化。他在《中国现代语法》（1943/1985）、《中国语法理论》（1954/1984）以及《汉语史稿》（王力

1980）等著作中都专辟一章，谈论"欧化的语法"，开启了现代汉语白话文的欧化语法研究。

王力的研究思路主要从语言学视角展开，他基于频率对比法，对比新旧白话中语法现象和语言特征的差异。新白话以现代书报语料为代表，旧白话以《红楼梦》和《儿女英雄传》为参照语料。如果新白话中出现的语言现象与参照语料中的不同，但却与英语源语中的相近或一致，说明这种现象可能是受英语翻译影响出现的欧化现象。王力（1943/1985：334-373）总结出六种欧化语法现象和语言特征：复音词的创造、主语和系词的增加、句子的延长、可能式、被动式、记号的欧化、联结成分的欧化、新代替法和新称数法。《中国现代语法理论》（1954/1984：433-502）又增加了五种欧化现象：新省略法、新倒装法、新插语法、首品仿语有句子的用途以及名词的复说等。《汉语史稿》（1980：462-472）又新增加了四种新兴句法："无定冠词"的产生及其受到限制、新兴的联结法、新兴的平行式——共动与共宾、新兴的插语法等。

王力欧化语法研究中采用的频率法、对比法等非常值得借鉴。但受时代局限，仅以《红楼梦》《儿女英雄传》为参照语料，语料量比较小，结果自然是仅限于典型但数量较少的例子。王力（1980：472）自己也认识到这个问题，"新兴句法的研究只是举例性质的，深入而全面的研究工作还做得太少。"除此之外，他的研究中很少涉及该结构在英语源语中的表达，脱离源语谈欧化表达势必有一定局限。

巴金的《家》有多个版本，其中较有代表性的是1931年版和1957年版。1931年版的《家》因语言欧化受到较多批评，因此，1957年版中他删掉了许多欧化句式。Kubler（1985）的《现代汉语书面语欧化语法研究》[1]以1931年版和1957年版的《家》为主要研究语料，考察了《家》中的欧化现象和去欧化现象。他遵循王力的研究框架，对比1931年版本，凡1957年版中修改与删除的地方可能就是欧化语言现象。Kubler研究的出发点不是对比汉语原生语言与受外语影响的欧化语言，而是对比欧化程度不同的两个汉

---

[1] 该著作用英语撰写，题目为：*A Study of Europeanized Grammar in Modern Written Chinese*，是作者在硕士论文的基础上完成的。

语原创文本，研究发现只能说明巴金在不同时间段语言的使用情况，尤其是欧化语言使用情况。此结论很难推广开去。也就是说，凭借一位作家一部作品不同版本中的语言变迁不足以解释现代汉语白话文的变迁。Kubler（1985：146）也承认自身研究存在不足："文中列举的欧化现象仅出于自己的主观判断。"他还预测研究现代汉语白话文欧化的理想方法是对比现代汉语白话文未受翻译影响的作品与20世纪前半叶受翻译影响的作品，但此研究工作量巨大，非一人之力能为，需凭借团队力量才能完成。

此外，北京师范学院中文系（1959）编写的《五四以来汉语书面语言的变迁与发展》也探索了现代汉语白话文中的一些欧化现象。谢耀基（1990）的《现代汉语欧化语法概论》归纳、分析了欧化语法的成因、现象和影响，明确提出应积极吸收"善性欧化"，拒绝"恶性欧化"。刁晏斌（1995，2006a）的《新时期大陆汉语的发展与变革》和《现代汉语史》详细考察了现代汉语白话文在语音、词汇、句法和修辞四方面的发展变化。贺阳（2008）的《现代汉语欧化语法现象研究》通过统计分析论证了"欧化语法现象"主要限于书面语，是"突发"现象。这些研究多侧重考察汉语原创文本中出现的欧化语法现象，若需探索欧化的成因则离不开对翻译汉语和外语源语的研究。

20世纪60年代到90年代之间，欧化研究再度成为空白。近年来，随着大规模语料库的建立，现代汉语白话文的欧化研究重新成为研究热点和重点。探讨欧化的多部专著以及与专著规模相当的博士论文相继出现，如：《重写汉语：二十世纪汉语小说文体与创新》[1]（Gunn 1991）、《汉语与中国新文化启蒙》（周光庆、刘玮 1996）、《跨语际实践》（刘禾2002）、《近代中国小说的变革》（袁进 1992）、《语言接触和融合：台湾现代汉语的英化研究》（Hsu 1994）、《语言变革与中国文学现代转型》（高玉2000）、《鲁迅与欧化文字研究》（老志钧 2002）、《英语对现代汉语的影响：语言认知研究法》（郭鸿杰 2005）、《现代汉语欧化与翻译策略之综合研究》（王伟 2008）、《现代汉语欧化结构研究》（马春华 2010）、《翻译与中国近代学术话语的形成》

---

[1] 该著作用英语写成，题目是：*Rewritting Chinese: Style and innovation in twentieth-century Chinese prose.*

（彭发胜 2011）、《翻译与现代汉语的变迁（1905-1936）》（朱一凡 2011）、《基于语料库的欧化翻译研究》（李颖玉 2012）、《基于历时语料的翻译与现代汉语互动研究》（秦洪武、夏云 2017）、《基于语料库的英汉翻译对当代汉语影响的研究》（朱一凡 2018）等。同时，还有相当多精辟论述，如：Tsao（1978）、石定栩、朱志瑜（1999，2000）、王宏志（2000）、王克非（2002）、卓志诚等（2007）和沈国威（2011）等。

欧化语言现象虽已深入到现代汉语白话文的方方面面。但近年来批判"恶性"欧化、纯净汉语的呼声越来越多，以余光中（2000）、思果（2001a，2001b）为代表。他们批判现代汉语白话文中有许多违反中文常态的欧化表达，尤其是过度模仿外语语法结构的表达法，以致出现"的的不休""当当不绝"等现象。他们强调不可低估翻译对于中文创作的不良后果，亟需纯净汉语，社会各界都需充分重视。

综上所述，国内学界对现代汉语白话文的欧化现象进行了诸多讨论，为本书提供了重要基础。欧化之所以能够渗入到现代汉语白话文的多个层面，既与"五四"特定的历史文化背景有关，又与现代汉语白话文处于发展初期息息相关。一方面，语言发展跟不上社会变革的步伐，社会变革强烈要求改造语言；另一方面，现代汉语白话文处于探索期，很容易受外来语言的影响。但上述研究或讨论多基于印象式评论或举例式研究，或聚焦于小规模语料，或基于当代语料的观察。翻译影响现代汉语白话文变迁的关键期在20世纪前半叶，基于这段时期历时对比翻译汉语和原创汉语的语言特点、探索翻译汉语对原创汉语影响且进一步探索翻译触发目标语言变迁机制的研究还相对缺乏，本书将在这些方面做进一步探索。

2.2 语料库与语言变化研究

2.2.1 语料库分类

语料库是语言数据的存储集，可以是书面文本，也可以是录音言语的誊本（Crystal 1994；Kennedy 1998）。现代意义上的语料库指根据一定研究目的收集的、真实的、计算机可识别的、有代表性的、具有一定规模的语言集合（McEnery and Wilson 1996：32）。

根据应用和研究目的不同，语料库可划分为不同类型（Bowker and Pearson 2002）。按用途分为通用语料库（general reference corpus）和专用语料库（special purpose corpus）；按表达形式分为书面语语料库（written corpus）和口语语料库（spoken corpus）；按语料选取时间分为历时语料库（diachronic corpus）和共时语料库（synchronic corpus）；按语料更新程度分为开放语料库[1]（open corpus）和封闭语料库（closed corpus）；按语种分为单语语料库（monolingual corpus）和多语语料库（multilingual corpus）；其中多语语料库又细分为双语平行语料库（bilingual parallel corpora）、多语平行语料库（multilingual parallel corpora）和类比语料库（comparable corpora）[2]等。

2.2.2 历史语料库与历时语料库

历史语料和历时语料是语言变化研究可靠的语料来源。顾名思义，历史语料库主要收集已经发生的语言资料。历时语料库指按时间先后顺序收集的语料，可延伸到当代语料。历史语料库可以是历时语料库，而历时语料库不一定是历史语料库。历史语料库和历时语料收集难度都较大，因此，多数历时语料库库容相对较小（Kytö and Rissanen 1992：7-13）。但二者相结合的语料库在语言变化研究中发挥着重要作用。

传统历时语料库的时间跨度大，通常有几百年甚至几千年。而现代历时语料库的时间跨度相对较短，通常只有10年到30年的时间。主要包括两种类型：（1）按照时间顺序从不同时段选取相同取样方式，如20世纪60年代的LOB和90年代的FLOB。（2）按照特定设计收集，在时间上有一定

---

[1] 也称为监控语料库（monitor corpus）。

[2] Aijmer et al.（1996：79）、Granger（2003：19）指出：翻译语料库是由"源语文本及其翻译文本组成的语料库"；平行语料库是由"两种不同语言变体组成的语料库"。Baker（1993：248）、McEnery and Wilson（1996：57）、Barlow（2000：100）、Hunston（2002：15）以及王克非（2004：6）认为平行语料库是由"源语文本和翻译文本组成的语料库"，而类比语料库是由"两种语言变体组成的语料库"。Johansson and Oksefjell（1998：4）则提出上面两种类型的语料库都可称为平行语料库。可见，学者对语料库类型的界定不统一。本书采用Baker（1993）、McEnery and Wilson（1996）及王克非（2004）的定义，将"源语文本与翻译文本构成的语料库"看做平行语料库，而将"两种语言变体组成的语料库"看做类比语料库。

连续性的监控语料库或动态语料库,如IATOR收集了1988年以来《泰晤士报》的文本(Renouf 2007:36)。

赫尔辛基历时语料库(Helsinki Corpus of English Texts:Diachronic)是研究古英语到早期近代英语历时变化较有代表性的历时语料库,此语料库由赫尔辛基大学Matti Reissanen教授、Ossi Ihalanine教授和Merja Kytö教授等主持建设,库容为150万词。分段收集850-1720年间的英语书面语语料,其中850-1350年每100年为一个时间段,1350-1720年每70或80年为一个时间段。赫尔辛基历时语料库文本类型丰富多样,包括日记、剧本、公函、说明书、法律文本、科学文本、庭审记录、私人信件等。比较著名的历时语料库还有Biber教授主持建立的ARCHER语料库(A Representative Corpus of Historial English Register),库容为170万词,语料集中在1650-1990年。该库文本内容丰富,涉及六大领域:杂志、文学、小说、剧本、科技文本和布道词(Biber et al. 1993)。主要用以考察不同时间段的语言变化和文体变化,缺点是各时间段的语料分布不均匀。

赫尔辛基语料库和ARCHER语料库主要用来考察中世纪到现代英语的变化,如Kytö(1997)考察了英语完成时中助动词"be"和"have"的历时变化。Biber et al.(1998)研究了英国不同时期男性和女性书信中的语言特征、文体风格差异及历时变化。研究发现:17世纪、18世纪时文本语言相对文雅,19世纪开始向口语化过渡,而现代英语抽象用法减少、口语化特征增加(Biber et al. 1998)。

英语语法变迁研究受到众多学者关注。Leech et al.(2009)基于布朗家族语料库考察了当代英语语法历时变迁。布朗家族语料库指严格按照布朗语料库的设计特征,从不同年代取样的语料库,语料间隔30年,包括20世纪60年代建立的布朗语料库、LOB语料库,90年代建立的FLOB语料库和Frown语料库等。这些语料库是研究20世纪60年代到90年代英语语法变迁的宝贵资料。为全面研究英语书面语变迁,Leech et al.(2009)研究中还使用了其他参考语料库。具体如表2-3所示:

表2-3 美式英语和英式英语对应语料库（采样间隔大约为30年）

	1901±3	1931±3	1961	1991、1992	2006±2
英式英语	BLOB 语料库	BLOB 语料库	LOB 语料库	FLOB 语料库	BE06
美式英语	无类似语料库	B-布朗语料库	布朗语料库	Frown 语料库	AmE06

　　基于虚拟语气、情态助动词、半情态动词、进行时、被动语态、扩展的谓语形式、不定式和名词短语等，Leech et al.（2009）开展了一系列研究，主要研究发现为：（1）虚拟语气在英式英语与美式英语中使用频率不同。命令式虚拟语气如"should+动词原形"频率下降；英式英语中"were"表虚拟语气频率下降，但在美式英语中的使用频率却上升。（2）"must""should"等核心情态动词使用频率下降，美式英语中尤为显著；半情态动词使用频率增加，"be going to""have to""need to"和"want to"等使用频率增加。（3）进行时（以现在进行体为主）在美式英语和英式英语中的使用频率增加。（4）被动语态使用频率显著减少，"be+分词"表被动的使用频率减少趋势明显，而"get+被动"的使用频率有上涨趋势，美式英语中更突出。（5）"have""take"和"give"等词的使用频率升高，小说中更凸显。扩展谓语形式频率升高，表明英语书面语有口语化的倾向。（6）英语中的一些动词如help，start等后既可以接不定式又可以接ing分词，现在更倾向于接ing分词形式。（7）实词（名词和形容词）的使用频率明显增加。主要表现在：名词短语的特定语法特征如名词+名词、's所有格等使用频率显著增长。上述种种变化表明近30年来英语书面语发生了重大变化。

　　Leech et al.（2009：237）将变化原因总结为：（1）语法化（grammaticalization）。语法化促使词汇意义更加虚化（如进行体和半情态动词使用频率增长）。（2）口语化（colloquialization）。英语有从书面语向口语发展的倾向，重要表现之一是缩写形式使用频率增加。（3）密集化（densification）。密集化即用更少语言表达更多意义。（4）美国化（Americanization）促使美式英语逐渐占据主导地位。此外，民主化（democratization）、规约化（prescription）和分析化（analyticization）等也是导致英语书面语发生变化的重要原因。

Baker（2017）关注历时视角下英式英语和美式英语的总体差异（general differences）及变迁趋势，他以1931年、1961年、1991/1992年和2006年为研究时间点，历时观察美式英语和英式英语在此节点上每30年的差异及主要发展趋向。通过观察语言点频率增长或下降趋势，Baker（2017：21）试图从外部找到原因解释英式英语和美式英语的历时变迁。他认为影响两种语言变体变化的原因可能有以下几点：美国化、密集化、民主化、信息化和口语化、语法化和技术化，而密集化、民主化、信息化和口语化等因素往往重叠在一起（Baker 2017：244），有时很难完全区分开。

英语历时变化研究为翻译与现代汉语白话文变迁研究提供了诸多思路和借鉴。首先，频率变化在语言变化中作用凸显。其次，研究语言历时变化最好分段选取语料库，尤其考虑参考库的作用。最后，语言变化是内因、外因共同起作用的结果。如果语言短时间内发生重大变化，外部因素的作用可能更凸显。

2.2.3 基于翻译驱动语料库的语言与翻译研究

类比语料库由不同语言或同一种语言的不同变体构成，文本多选取具有同样交际功能或年代、文体、取样、平衡性和代表性等都相近的文本集合（McEnery 2003：450）。翻译研究中的类比语料库由同一语言中两组互相独立的文本集合组成，其中一个语料库由源语文本构成，另一个语料库则由该语言中译自特定源语的译本组成（Baker 1993），即基于同种语言的原创文本和翻译文本组成的语料库。这些文本虽不具翻译关系，但在文体、时间、话题等方面都有一定可比性。平行语料库由源语文本和与其相平行对应的译语文本构成，包括双语平行语料库和多语平行语料库，可以是单向平行、双向平行，也可以是同一源语文本的不同译本。平行语料库主要考察词汇或语法点在源语和译文中相应的翻译项，观察方式为平行索引行（parallel concordance）。

集源语、翻译语言和目标语原创语言于一体的双语双向平行语料库、双语单向平行语料库、多语平行语料库、类比语料库等都可用于翻译研究中。Zanettin（2012：10）提出翻译驱动语料库（translation-driven corpora）的概念，将翻译研究中多种类型的语料库统一到一个术语中（见图2-1）。

单语类比语料库 语言变体A+语言变体B 或原创语言A+翻译语言A	双语可比语料库 原创语言A+ 原创语言B	双语平行语料库 原创语言A+ 翻译语言B

双语、双向、平行

原创
语言A

翻译
语言B

翻译
语言A

原创
语言B

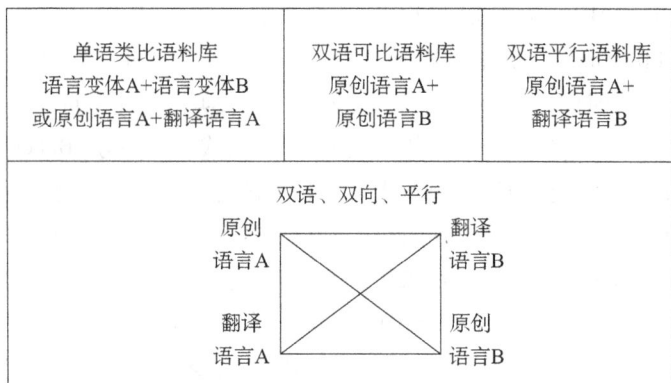

图2-1　翻译驱动语料库的类型及应用

20世纪90年代，英国曼彻斯特大学建成翻译英语语料库（the Translational English Corpus，简称TEC），开始将类比语料库运用到翻译研究中。Baker的《语料库语言学与翻译研究：启示与应用》采用类比语料库的方法，首次提出了翻译的普遍性特征（universal features of translation），即译文的典型特征，指译文过多或过少使用目标语言的某些特征。出现翻译的普遍性特征不是特定语言系统干扰的结果，而是翻译语言固有的特征（Baker 1993：242）。Baker（1996：176-177）详细阐述了翻译的普遍性特征，包括显化、简化、规范化和中性化。具体表现为：

（1）显化（explicitation）：也称明晰化，指译文倾向于把源语的隐含信息表达出来（Blum-Kulka 1986；Baker 1996：180）。翻译过程中译者通过添加连接词使译文逻辑关系更加清楚，或增加背景知识帮助读者理解源语等。结果是译文通常比源语更长。

（2）简化（simplification）：与目标原创语言相比，译文有简化趋向（Baker 1996：181-182）。衡量指标包括词汇密度（lexical density）、类符/型符比（type/token ratio）、平均句长（mean sentence length）、平均句段长等。Laviosa（1998）发现翻译英语词汇简化现象主要体现在以下四个方面：相对于功能词，实义词使用频率低；相对于低频词，高频词使用频率高；常用词的重复率偏高，且缺乏变化。

（3）规范化（normalization、conservation 或 standalization）：指译文出现遵从或夸大译入语典型特征和表达的趋向（Baker 1996：183）。表现在译文过多使用目标语言的习语、典型语法结构，甚至将源语标点符号改译为符合目标语言规范的标点符号等。

（4）整齐化（leveling out）：也称为集中化，指译文具有较高的同质特征（Baker 1996：184），这一假说的具体表现还有待进一步考察。

基于 Mona Baker 的研究，学者不断丰富和发展翻译语言特征研究，提出翻译语言还具有其他语言特征，如翻译的独特项假设、异常搭配和干扰等。

（5）翻译独特项假设（translation of unique items）：也称"译文呈现不足"（Tirkkonen-Condit 2002，2004），指翻译文本中彰显译入语特色的语言特征呈现不足。

（6）非典型搭配（untypical collocations）：指译文出现的一些词组或搭配在目标原创语言中较少使用或没有出现（Mauranen 2000），这样的搭配多带有一定翻译腔。

（7）干扰（interference）：与 Toury（1995）提出的"翻译法则"基本一致。传统观点认为源语干扰具有负面意义，翻译过程中应尽量避免源语的负面干扰，创造流畅的译文。对翻译作用持积极态度的学者则认为"干扰"还有中性、正面影响，语言接触中译文会吸收目标语言的语言特征，丰富自身发展。

近 20 年来，国内外基于语料库的翻译研究从不同层面证实或证伪翻译的普遍性特征，基于语料库的翻译研究（corpus-based translation studies）逐步发展成翻译研究的主要范式之一。该研究不仅可以启发我们了解语言变化的宏观和微观过程，而且有利于帮助我们了解语言维护、语言政策、语言接触等，具有重要意义（Maurannen 2008：46）。还将为我们探索翻译过程和语言本质提供一定借鉴，为发现语言变化的痕迹提供可能。翻译研究采用实证科学研究方法，使翻译研究与其他人文学科、自然科学有机联系起来，将是翻译普遍性研究的最大贡献之一（Chesterman 2004：46）。但翻译普遍性研究的基础主要是类比语料库。

除了类比语料库外，平行语料库在翻译研究中也发挥着重要作用。

近年来，国内外大型双语平行语料库的建设和研究取得了系列成果。国际上较知名的双语平行语料库有：加拿大议会会议英－法平行语料库（Canadian Hansard Corpus）、克姆尼茨英－德翻译语料库（Chemnitz English-German Translation Corpus）、德语－英语文学平行语料库（German-English Parallel Corpus of Literary Translation）、隐型翻译研究科技文本语料库（Covert Translation：Polular Science Corpora）、英语－挪威语双向平行语料库（English-Norweigian Parallel Corpus）、英语－瑞典语双向平行语料库（The English-Swedish Parallel Corpus）、英语－意大利语双向平行语料库（Corpus of English-Italian Translation）、英语－葡萄牙语双向平行语料库（English-Portugese Parallel Corpus）等。国内双语平行语料库的建设和研究发展也非常迅速。如北京外国语大学的"通用汉英对应语料库"（王克非2004）及正在建设中的"超大型英汉平行语料库"（王克非2012a）。国内就某一领域创立的专门双语平行语料库还有"红楼梦双语平行语料库"（刘泽权 2010）、"莎士比亚双语平行语料库"（胡开宝 2011）以及英汉旅游语料库（李德超、王克非2009）等。

　　这些语料库为翻译研究、语言对比研究做出了很大贡献，产出了系列成果。国外的双语平行语料库多定位在开放式语料库上，库容相对比较小。如House主持的隐型翻译研究语料库的库容为80万词，研究中实际使用的仅为50万词；德语文学文本语料库大约为50万词左右等。较大的英语－意大利语双向平行语料库也只有460万词左右。此外，语料收集过程中受版权等各方面因素限制，很多语料库仅供内部研究使用。

　　Kenny（2001：58）的研究发现：翻译语言特征不是源语干扰的结果，而是翻译本身特征和翻译过程的体现。翻译的普遍性假设在不同语言对中不断得到证实（Laviosa 1998；Kenny 2001；胡显耀 2004；黄立波、王克非2006；肖忠华、戴光荣 2010等）。随着翻译研究的持续深入发展，翻译普遍性特征也受到了一些质疑。Chesterman（2004）认为应区分基于源语的普遍性（S-universal）和基于译语的普遍性（T-universal），但实际研究中很难实现这种区分。黄立波、王克非（2006）认为翻译的普遍性特征受翻译方向、语言对以及文体等各方面的影响等。House（2008：11）质疑普遍性假说：从本质上看，翻译普遍性研究的工作完全徒劳，翻译的普遍性根本不存在。Becher（2010：16）认为"显化假说"无论理论还是方法上都存在一定问题，应弃之不用。译文虽然独立于目标语原创语言，但仍然对目标语原创语言产生一定干扰（Newmark 1991：86）。历史上很多国家的语言发展、文化丰富都受益于翻译的这种"干扰"。如果翻译文本的语言特征确有显化或简化倾向，语言接触过程中这些特征将影响目标原创语言的发展（Kranich et al. 2011：2）。通常，翻译语言的表达形式最初通过干扰、渗透进入目标原创语言，目标原创语言会吸收译文中高频出现的、新的搭配。这些高频出现的，新的搭配可能有一定"翻译味"，语言接触中可能会将"翻译味"渗透到目标语原创语言，丰富或影响目标语原创语言的发展。翻译过程中源语的语言特点、语法结构通常会迁移到目标原创语言中，这些迁移可能是负面的如偏离目标语言的常规；也有可能是正面的如丰富目标语言的语言规范（Toury 1995：275）。Pym（2008：324）也持同样看法：翻译是语言接触的特殊形式，翻译过程中源语对目标语言产生一定影响。翻译通常是发展目标原创语言和文化的一种方式，积极利用"干扰"或影响，将为目标原创语言创造新的词汇和句法。目标语原创语言可以显示语言变化或翻译影响的痕迹（Mauranen 2008：45）。受影响的目标原创语言的语言特征或表现为过多使用，或者表现为使用不足，或者显示目标原创语言保守或传统的特点。

　　基于类比语料库的翻译研究并不是为了批判或评价翻译文本，而是理解翻译过程到底发生了什么。翻译普遍性研究仍然存在一些问题，但探究翻译普遍性显示出语言接触中词汇和结构变化的痕迹（Laviosa 2007：23），对我们探索语言接触，揭示语言变化规律有重要意义。

　　基于类比语料库的翻译研究过多强调翻译语言特征的普适性。翻译是源语影响下的产物，不能脱离源语独立存在。翻译语言作为目标语言系统的一部分，不可能脱离目标语言的社会文化语境独立存在，但类比语料库研究较少考虑源语的影响，对翻译的作用和影响也避而不谈。就这些方面而言，基于类比语料库的研究有一定局限性。

　　相对类比语料库，平行语料库的建设难度更大。难度不仅体现在双语（或多语）语言、库容等方面因素的制约，语料质量也是建设中尤其需要关注的问题。若两种语言在对方文化中的社会地位有很大差别，源语与译文的创作、翻译年代相差久远，将导致语料的可获得性受到很大限制。再者，双语平行语料库的加工难度较大。英汉语言属于类型学上具有较远距离的语言对，自动对齐效果不佳，需要大量人工投入。大多数双语平行语料库属于专门语料库，主要用于语言对比研究，用于考察语言历时变迁研究相对较少。历时双语平行语料库的建设除了考虑语言质量外，还需考虑时间段和语料数量，无疑增加了加工难度。本书所需语料为"五四"至新中国成立，"五四"前后有大量翻译活动语料相当丰富，但很多翻译活动属于译述、改写，译文和源语很难达到一一对应。

因此，本文语料库建设和研究中仍需解决以下问题：

（1）翻译对目标语言的影响必须考虑源语的作用。

（2）目标语言社会语境发挥的作用不容忽视。

（3）尽力保证类比语料库的代表性、平衡性与可比性。尤其是拟建设的早期历时类比语料库，可获得的文本相对较少，代表性和平衡性显得更加重要。

（4）综合利用不同类型语料库的优势，历时考察语言变化，需考虑时间维度，加密时间间隔，凸显语言变化。

总之，翻译与目标语言变化研究涉及面广，相对较复杂。需综合不同类型的语料库，如历时类比语料库、双语平行语料库、参照语料库和单双语作家语料库等。参照语料库是未受欧化影响的、旧白话的代表，对比未受欧化影响的语料与"五四"后受翻译影响的语料，可以发现翻译影响语言变化的"痕迹"。欧化积极提倡者多是著、译兼备的作家或学者，通过翻译改造现代汉语白话文的主张在他们的翻译活动、创作实践中可能有一定体现。欧化作为文学领域影响较大的思潮将对语言变化产生一定影响。单语作家不能阅读外语作品，若他们作品中出现欧化语法现象，将是翻译语言影响现代汉语白话文的有力证据。单双语作家语料库有助于发现翻译语言对原创语言的影响。因此，翻译与现代汉语白话文的变迁研究需要综合历时类比语料库、双语平行语料库、参照库以及单双语作家语料库的优势，合理拉开时间跨度，分段加密考察。

2.3 小结

本章主要综述了国内外翻译影响目标语言变化的研究、基于语料库的语言变化研究及可能存在的问题。

从语言对上看，翻译影响目标语言变化的研究多集中在相近语言对之间，如英德、英法、英意之间，类型学上较远的语言对如英汉语言对之间的研究较少。从文本类型上看，多集中于非文学文本，文学文本的考察比较欠缺。从方法上看，国际上多采用语料库的方法，研究方法值得借鉴，但语料库规模相对较小，代表性有限。

"五四"前后，受西洋语法的影响，现代汉语白话文经历了重大变化，除了引入新词汇外，主要表现在句法形式的严密化等方面。可以说，翻译引起现代汉语白话文的变化最早出现在翻译语言中。"文人对西洋语言涵泳的浅深不同，他们文章的欧化程度也高低不同。除此以外，还有变质的欧化，即不通西文或西文程度很浅的人只知道从中国欧化文章里模仿，久而久之，渐渐失真"（王力 1954/1984：435）。

现代汉语白话文早期发展中翻译发挥了重要作用。受时代局限，国内相关研究多基于主观评论、列举典型但有限的实例。近年来，语料库方法逐渐应用到翻译与现代汉语白话文的研究中，但语料库类型相对单一，所据语料多为当代语料，现代汉语白话文初步形成和发展期的翻译汉语语料和原创汉语语料相对较少，需要进一步扩充。

单一类型的语料库很难完全显示语言变化的轨迹与翻译的影响。因此，为了凸显语言的细微变化，本书在研究翻译与现代汉语白话文变化的关系时，综合了不同类型的语料库即类比语料库、双语平行语料库、参考语料库和单双语作家语料库，以每十年的后五年为一个时间段，加密时间间距，设计出一个基于历时语料的复合语料库考察模式。该模式可以为考察现代汉语白话文的变迁、语言特征与相关结构的来源及其变化提供方法论，为考察翻译与目标语言的变化研究提供一定借鉴。

第三章　理论、方法与模式[1]

　　语言接触领域一直是语言学研究的重点和热点。研究课题多集中在探索语言接触和复制过程中哪些语言成分能复制、哪些语言成分不能复制、复制过程如何、复制过程中哪些因素发挥作用等。德国学者拉斯·约汉森（Johanson 1993，1998a，1998b，2002a，2002b，2008，2013等[2]）的编码复制框架理论（code-copying framework）详细描述了编码复制的过程、编码复制过程中各因素间的关系，不仅能够阐释不同语言对间的复制，也可以解释不同语言变体间的借用和复制。编码复制框架理论重视语言接触和语言复制中的模仿、频率和社会语境效应，为解释翻译触发的语言接触和语言变化的必然性、可能性和限度提供了理论框架。该理论目前主要应用于研究土耳其语系间的接触和复制。

　　语料库翻译学的迅速发展为定量描述语言变化及翻译在目标语言变迁中的作用提供了良好的平台和工具。历时复合语料库的建设综合了各

---

[1] 本章部分内容发表在《语言文化研究辑刊》，见赵秋荣，编码复制框架理论在翻译研究中的应用，《语言文化研究辑刊》，2014（2）：113-122。

[2] 拉斯·约汉森（Lars Johanson）是德国美因茨大学（Mainz University）的教授，主要从事语言接触和编码复制框架理论等方面的研究，著述颇丰。他是编码复制框架理论的提出者，多年来一直致力于修改、补充和完善该理论。他的著述部分用德语发表，本书引用的著作、论文多选自他的英文著述。

种类型语料库的优势，可以为翻译与现代汉语白话文的变化研究提供方法论。

3.1 编码复制框架理论

3.1.1 编码复制框架理论的定义

接触语言学术语繁多，常用的有"借用""转换""转码""干扰"和"代替"等，这些术语虽使用频繁但却容易产生歧义。"借用"指一种语言借用了另一种语言的语言结构或表达方式，有"借"有"还"，实际上被借用的一方没有失去，借用的一方也未返还；"转换"指一种语言的表达方式转移到另一种语言中，复制后的语言结构或表达形式很难完全与复制的语言保持一致；"干扰"主要涉及负面的影响因素；"仿词""借译"也不能涵盖语言接触和语言变化的内涵与外延。因此，Johanson（1993）创造了另外一个术语"编码复制（code copying）"，试图将语言接触和语言变化研究领域所有与借用相关的术语归入同一框架中。

编码（code）覆盖面广，可以是方言，可以是原创语言，也可以是翻译语言。Johanson（2002a：289；2002b：5）提出：编码复制指一种语言（或语言变体）模仿另一种语言（或语言变体）的语音、语义、搭配和语用。编码复制不仅适用于同种语言不同语言变体间的复制，也适用于不同语言间的复制。

接触引起的编码复制（contact induced code copying）涉及基本编码复制（basic code）和模型编码复制（model code）。模型编码是编码复制的来源编码、施惠编码和扩散编码；基本编码是接受编码或受惠编码。复制的语言成分如果与基本编码语言结构的形式和功能存在相似之处，且不存在结构冲突的情况下，很容易被吸收。编码复制是个复杂的过程，基本编码很难完全吸收复制的编码，复制后编码的形式和功能通常会发生一些变化。若复制后的编码与基本编码有很大差异，则只能短期、暂时出现在基本编码中。能与基本编码共存的语言成分将逐渐被吸收、固化为基本编码的一部分。编码复制是语言间调整、适应、发展和稳定的过程，也是语言间冲突、妥协、选择和适应的过程。

3.1.2 编码复制框架理论的类型

　　Johanson（1993，1998b）详细描述了编码复制框架的构成和复制过程。编码复制框架将语言复制看作四个语言块（block）：物质[1]（material）、语义（semantic）、搭配（collocation）和频率（frequency）。按复制成分和复制过程不同，编码复制分为三种类型：整体复制或全部复制（global copying）、选择复制（selective copying）和混合复制（mixed copying）。

　　整体复制或全部复制指基本编码全部复制模型编码的语音、词形、语义、搭配和频率。复制过程中语言成分的语音、形式和功能大多不发生变化或者发生较小变化。语音、词性、意义、搭配[2]、功能词和语法标记等方面的复制属于全部复制。从形式上看，整体复制的语言成分与模型编码中的语言成分比较相似，如荷兰语中的"in termen van"复制了英语的"in terms of"；英语的人称代词"they"和"their"等也很容易被复制到其他语言中，尤其是很容易被复制到相近语言对中。汉语和西方语言隶属不同语系，形式上的复制几乎不可能实现，但语音上的复制可以实现，如汉语的"沙龙""幽默"等外来词复制了英语的语音，这些外来词已经进入现代汉语并成为其中的一部分，可归为整体复制。

　　选择复制指基本编码有选择地、部分地复制模型编码的词形、语义、搭配和频率等，与"语义借用"或"句法借用"类似，一般不包含语音复制。选择复制主要指基本编码分别进行模型编码的物质复制（material copying）、语义复制（semantic copying）、组合复制（combinational copying）和频率复制（frequential copying）。物质复制指基本编码只复制模型编码的词形。语义复制指基本编码复制模型编码的语义，与仿造（calque）或借译（loan translation）类似；组合复制指基本编码复制模型编

---

[1] 物质复制（material copying）指基本编码复制模型编码的语音和词形。相近语言对间语音复制和词形复制的使用频率较高。类型学上较远的语言对如英汉语言对的书写方式完全不同，词形方面的复制几乎不存在。但存在语音方面的复制，如幽默（humor）、沙龙（salon）等。本书现代汉语白话文复制翻译语言的研究主要考察与现代汉语白话文精密化、明确化发展方向相关的语言特征，语音复制不属于此类，因此不做具体考察。

[2] 英汉两种语言隶属不同的语言对，翻译触发的语言接触与语言变化中句法上的全部复制出现频率相对较少。全部复制多出现在词汇层面和语用层面，如第三人称代词"她"的复制属全部复制（不包括语音复制）。

码的词语、结构和搭配等。频率复制指基本编码复制模型编码中高频出现的语言结构。基本编码既可以整体复制模型编码，也可以选择复制模型编码。还有一种复制形式称混合复制。指从形式上看是整体复制，从功能上看是选择复制。这种复制与混合借用（loan blend）类似。

复制后的编码不仅保留基本编码中相同的成分，还创造新语言结构、新形式。此外，复制后语言结构的功能也可能发生一些变化，这些变化在词性、语义、语用、搭配和频率等方面均有可能出现。例如，"var (existing)"在土耳其语中只有形容词的用法，土耳其语与波斯语接触过程中复制了系动词"(y) e/ast"的用法，开始有了"is, exists"（表示存在）的意思。具体如图3-1所示。

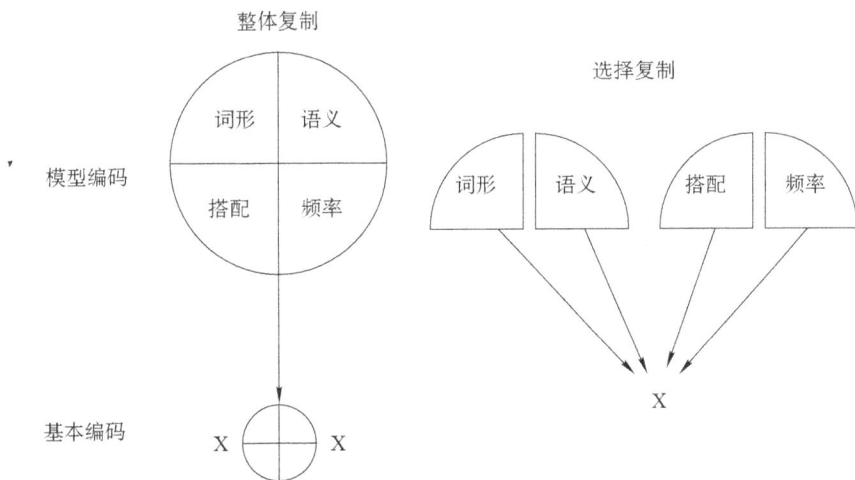

图 3-1 编码复制示意图

总体上看，整体复制、选择复制和混合复制只是范围和程度上的不同。复制过程中，不同类型的复制都不是孤立存在的，它们相互联系，互为补充，任何人为强制割裂它们联系的做法都不可取。一般而言，名词、形容词、数量词、代词和语用标记等更倾向于整体复制。动词或复杂短语结构倾向于选择复制。以口语为主要媒介的面对面的直接语言接触中，整体复制一般出现在前一个阶段，选择复制出现在后一个阶段，语言

习得的高一级层次更是如此，不同类型的复制与复制等级也有一定联系
(Johanson 1993: 211)。

3.1.3 编码复制的影响因素

接触触发的语言接触和语言变化中，影响编码复制的因素特别多，社
会环境因素和语言因素都会发挥作用。一般说，语言结构决定了接触层次，
社会语境决定了接触深度。社会语境因素中的政治、经济和文化等因素往
往推动或限制复制的顺利进行。但哪种因素发挥的作用更大，很难得出定
论，需视具体情况而定。

对等（equivalence）是接触引发语言变化的最主要因素之一（Heine
and Kuteva 2005: 219）。若模型编码与基本编码这两种语言的语言结构相似
（或对等），很容易触发复制。语法借用只发生在源语和接受语存在一定相
似的情况下（Meillet 1921: 87，转引自 Thomason and Kaufman 1988）。相
似程度有多大，或是否存在一定意义上的对等，很大程度上取决于说话者
的主观判断。也就是说，对等由说话者建立（Johanson 2002b: 57），主观
性很强。对等可能体现在意义、结构或位置上，也可能体现在功能上。

模型编码和基本编码中的语言结构存在一定形式和功能对等时，编
码复制开始了。待复制的语言结构虽相似，但并非一模一样（Heine and
Kuteva 2005: 121; Johanson 2002b: 9）。复制后的编码与基本编码可能存在
差异，语音、语义或语用等方面也会发生改变。受制于语言发展的内部规
律或语言归约性制约，复制后的语言结构组合性通常较低。受语音系统、
词汇系统、语义系统、句法系统等因素影响，复制后的语言结构会对模型
编码的语言结构进行修改、调整，甚至会有一些创新性改变，但这些改变
都只能在基本编码允许的范围内进行。复制后的语言结构会与基本编码中
的语言融合，经过一段时间融合后，通常很难判断哪些语言形式是从模型
编码复制来的。

语言借用存在一些复杂抵制干扰机制（complex resistance to interference），
可能导致某些语言特征不能借用（Weinreich 1953/1968: 44）。基本编码
若存在模型编码预借用的语言形式，如果这些语言在形式或功能上存
在相似，互相抵制的成分就少，这种语言形式就更容易被复制。类型

学相似（typoligical similarities）是促成接触触发的语言变化的重要因素之一。

随着语言接触研究的不断深入，人们逐步认识到除了语言学因素外，社会语境在语言接触和语言变化中发挥了积极作用，有时甚至是主导作用（Weinreich 1953/1968；Thomason and Kaufman 1988；Johanson 1993；Thomason 2001等）。影响的主要因素有：语言接触的强度和长度、社会压力的程度、两种语言的社会地位和说话者的态度等，语言内外因素共同决定了语言接触和语言变化的程度和方向。

基本编码语言对复制的模型编码语言结构的容忍度（tolerance）有很大差别。如果模型编码语言处于优势地位，基本编码对模型编码的容忍度高，基本编码更容易吸收和模仿模型编码语言结构中的表达形式，甚至会吸收一些不合常规的表达，或者创新的表达。如果这种表达被高频使用，基本编码使用者会逐步接受这种新的语言形式；反之，如果模型编码语言处于劣势地位，基本编码语言使用者对于新语言结构的容忍度会降低，可能导致新的语言结构暂时存在于基本编码中，一段时间后可能会被排斥出基本编码语言系统。

频率变化在语言变化中的作用十分突出。频率是促进编码复制和语言变化的动力。高频出现的语言特征最容易被复制。高频出现的语言现象通常与时代息息相关，可能是某个时代的"时髦词"。模型编码中使用频率高的语言结构将更容易被复制、吸收和接受，高频出现的语言结构也更容易固化为基本编码中的一部分。

编码复制的顺利进行离不开有利社会语境的支持。编码复制涉及两种编码：社会语言学上处于劣势的编码A和强势的编码B。处于优势的编码B与该语言所处的经济、政治和文化地位密切相关。语言影响多是双向的，但语言接触的影响虽也是双向的，但却是失衡的。处于优势地位的语言B可能对处于劣势地位语言A的影响更大。两种编码的语言地位也并非一成不变。若编码所属社会的政治、经济和文化地位发生改变，编码语言的地位也会发生相应变化。语言接触的本质是与代表更先进政治、经济和文化的语言形式之间的交流与对话。语言接触和复制的动机是与更丰富的语言形式进行对话。

仅仅关注语言自身的特点和变化在语言接触和语言变化研究中远远不够，也应将社会语境纳入考察范围。如依地语和德语非常相近，但斯拉夫语对依地语和德语的影响却存在很大差异（Weinreich 1958），原因是两种语言所处的社会语境完全不同。Thomason and Kaufman（1988）的语言接触和语言变化研究也明确指出：脱离社会语境因素的语言接触和语言变化研究是空洞而没有意义的（Johanson 2002a）。

因社会语境不同，编码复制分为吸收（adoption）、强加（imposition）和转换（shift）。吸收指占次要地位的语言吸收占主要地位的语言结构，也就是通常说的借用或借译；强加指占主要地位的语言将一些语言结构形式强加给占次要地位的语言，也称作"底层影响或基本影响"。吸收和强加是编码复制的两种主要形式。

与直接接触引起的语言变化不同，翻译引发的语言接触和语言变化以书面语为主。以书面语为主的语言接触中，社会语境的作用将更突出。也就是说，政治、历史和文化语境是翻译触发目标语言变化的催化剂，社会语境的作用应处于重要的、凸显的位置。

编码复制是分阶段的。初始阶段表现为某些语言特征标记的增多或减少，或语言特征的某个方面发生了变化，如语义、语用的使用范围扩大或缩小，这些变化一般不会导致语言发生巨大变化，只是在某个方面、某种程度上发生细微变化。某种语言特征若在模型编码中高频出现，基本编码又需要模型编码中语言的这些特点，该语言结构会短时间内被迅速复制。若被复制的语言结构特征在基本编码中高频出现，经过一段时间的模仿与复制后，目标语言的此种语言特征可能发生变化。

Heine and Kutea（2005）一直持这种观点：语言变化研究不应过分强调语言内部因素和社会语境因素的差别，语言变化是多种因素共同作用的结果。促成变化的既有语言自身发展的需要，也有社会语境等外部因素的刺激，是内部因素、外部因素、主观因素和客观因素共同作用的结果。语言变化过程中内部因素固然重要，但如果没有社会语境等外部因素的推动，语言短时间内不可能发生变化。即使发生变化，也是较小的变化且短期内很难得到传播、扩展和接受。因此，应运用不同视角解析两种因素发挥作用的方式和过程，把两者有机结合起来。

所有复制后的编码在新编码系统中都会经历一个适应过程，甚至会经历语法化过程（Heine and Kuteva 2005：92），语用决定了是否会有语法化过程（Johanson 2008：69）。编码复制的每一个过程都有特殊性，这个过程既不能复制，也不能证实或证伪。

3.1.4 编码复制框架理论在翻译研究中的应用

编码复制框架理论的应用多集中在语言接触领域，如土耳其语系间的接触中。翻译研究领域的应用相对较少，目前主要应用于爱沙尼亚语复制俄语（Verschik 2008）和希腊语复制英语的研究中（Malamatidou 2017）。实际上，编码语言接触间的复制与翻译引起的语言接触和语言变化的方式和过程有很多相似之处。

不同语言间复制多从口语开始，再逐渐由口语扩散到书面语（Leech et al. 2009：12）。以口语为载体的、面对面的语言接触中，这种复制过程无疑是正确的。但以翻译为媒介的间接语言接触中，书面语是主要传播媒介，口语在以书面语为主要传播媒介的语言接触中发挥的作用相对较小。

不同语言能成功复制的首要因素是两种语言的某种语言特征存在对等，这种语言特征可以是语法、语义或功能中的任一方面或几方面（Heine and Kueta 2005：222-228；Johanson 2013：102）。翻译引发语言复制的首要因素是翻译对等（translational equivalence），翻译对等也是原创语言与目标语言之间进行翻译的基础，这种对等可能体现在语义对等、形态对等或演化对等，即：

（1）Mx=Rx   翻译对等

（2）Mx=[Ry>Rx]   语义对等、形态对等（存在语法化过程）

（3）My>Mx>Ry>Rx   演化对等（存在语法化过程）

根据多元系统理论，若翻译处于整个文学系统的中心位置，或目标语原创语言系统的语言、文字、社会制度面临改革或处于改革中，尤其是某一语言群体希望积极复制另一种语言群体的经验以改变民族命运和国家前途时，翻译的作用将特别凸显，复制就变得愈加重要。翻译触发的语言接触中，翻译语言可被看作模型编码，目标语言则扮演基本编码的角色。

　　翻译引发的语言接触和语言变化研究还受其他因素的制约，其中较重要的是翻译强度及语言传播者（译者、受众）的态度。"五四"时的翻译活动是中国翻译史上一次重要的翻译活动（或翻译高潮）。一大批知识分子身体力行，积极学习西方文化知识和科学技术，提倡借助翻译改造现代汉语白话文，翻译被赋予新的历史使命。在这种语境中，欧化语言特征如欧化句式或"非常规"搭配大量、高频出现在双语作家的翻译与创作中，甚至高频出现在单语作家文本中，这可能是翻译触发的语言接触与语言复制的必经之路。如果从事翻译实践与创作的译者有一定社会影响力，在积极提倡借鉴、吸收外语表达，丰富本族语言文化的社会语境下，他们将首先接受源语中高频出现的、新的语言特征或语言表达，积极将它们运用到译文和创作中。这个译者群体若有一定社会地位或积极提倡借外语改造母语，他们使用的创新语言表达更容易被大众接受和模仿。外语能力相对欠缺但思想激进的单语作家通过阅读翻译作品，阅读双语作家的创作作品以及学习他们的表达方式，也会积极吸收新的语言结构，运用到创作实践中。大量翻译或创作将有利于促进大众逐渐接受新用法和新表达。某些语言表达和语言结构长期高频使用后将在目标语言中固化。复制后的语言表达和语言结构形式可能发生各种变化，受源语干扰（SL interference，Toury 1995）或渗透的影响，复制后的语言表达形式、语义或功能可能偏离目标原创语言，但在合适的语境下将很快得到广泛传播。

　　语言复制有两个极端：一端是复制（reproduction），即基本编码与模型编码完全相同；一端是代替（substitution），即用模型编码中的语言结构代替基本编码中的语言结构。复制和代替可以看作一个渐变群，大多数编码复制形式位于这个渐变群的中间地带。编码复制倾向于渐变群的哪一端很大程度上受语言、文化以及社会语境的影响。基本编码复制模型编码不仅是复制语言结构，更是复制"社会语言"。语言变迁研究不仅要观察新出现的语言结构，更重要的是发掘影响语言变化的因素，如人类活动、社会语境的作用等。

　　不同类型的复制在翻译研究中的作用各不相同。翻译研究中，选择复制比全部复制和混合复制应用得更频繁。选择复制中，频率复制的应用更广泛（Verschik，2008：133）。若高频出现的、新的语言结构与目标语言结构的形式或功能存在相似之处，这种编码结构最容易被基本编码模仿、复制。编码复制框架综合了影响语言变化各方面的因素，如内部因素、外部因素、个人因素、社会因素等，特别是将促进语言变化的外部因素与社会语境因素纳入语言发展变化框架，有助于合理解释不同语言间复制的可能性和限度，为考察翻译与目标语言变化研究提供了理论支持。编码复制在翻译研究中的路线图可大体概括如下：

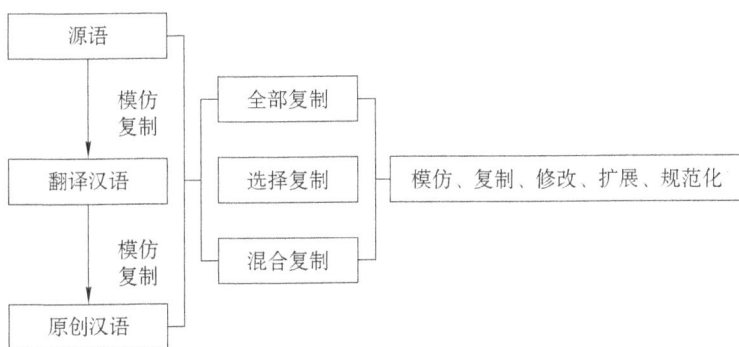

图 3-2　编码复制在翻译研究中的应用

3.2 语料库翻译学的理论与方法

语料库翻译学的思想来源于语料库语言学，而语料库语言学来源于以 Firth、Halliday 和 Sinclair 为代表的英国语言学传统思想，他们认为语言研究应以真实数据为基础，以文本整体作为研究的基本单位。研究方法为：根据一定假设，研究大量真实语料，对比文本、语料和数据后，得出关于语言规律的结论（Laviosa 2002：5）。这些思想打破了传统语言研究中以内省数据为基础的规定式考察方式，为语料库翻译学的建立和发展提供了理论依据。

Holms（1972）在《翻译的名与实》中将描述翻译学（Descriptive Translation Studies）置于整个翻译研究的核心位置，得到了一些学者如 Bassnett，Hornby 和 Lefevere 的支持。在 Zohar 和 Toury 的积极推动下，描述翻译学发展迅速。

描述翻译学的蓬勃发展推动了语料库翻译学的发展。传统翻译研究主要参照源语文本探讨译文与原文之间的对等。Zohar（1990）的多元系统理论从社会文化层面解释翻译现象，为目标语言与源语之间语言、文化之间的互动提供了理论阐释。Toury（1995）进一步将描写翻译学具体化：翻译文本可以看作一个独立的子系统，是目标语文化的重要组成部分。此后，翻译规范（translation norms）、翻译普遍性特征（universal features of translation）的研究成为翻译研究的重要课题。

　　语料库翻译学在研究方法上以语言学理论为指导，以概率和统计为手段，以双语真实语料为对象，对翻译现象进行历时或共时的研究，代表了一种新的研究范式（王克非 2012b）。语料库翻译学为本书提供了理论基础和方法支持。语料库翻译学借鉴了语料库语言学的基本方法，尤其是语料整理、标注、检索、统计等方法。用于翻译研究的语料库还需要根据研究目的做专门加工、标注：如双语平行语料库需要就两种语言做段级对齐或句级对齐，详细标注译者、翻译方向、年代等信息；类比语料库需要详细标注文体、主题、作者、译者等要素，从而将社会语境等文本外因素纳入语料库考察范围。Baker（1996：185）认为翻译研究者感兴趣的不是词汇和句法结构本身，而是翻译语言的特点：如简化、显化、规范化等，为翻译普遍性特征研究奠定了基础。翻译语言特征研究主要采取类比语料库的方法，为基于语料库的翻译研究提供了全新方法论（Baker 2001，2007；Laviosa 2002，2010；Pym 2008），是目前语料库翻译研究的主要方法之一。双语平行语料库的建设极大地方便和简化了语言对比研究和翻译过程研究。可以说，单语类比语料库与双语平行语料库是语料库翻译的两翼，共同支撑和促进了该学科的发展。

3.3 基于历时复合语料库的考察模式

　　语言变迁非常复杂，影响因素众多。印象式、经验式的语言直觉可以为语言变化研究提供经验，仅凭借这种方式恐难以得出客观结论。定量与定性相结合、历时与共时相结合、描述与解释相结合的研究方法将客观地呈现语言变化趋势，综合对比、分析和解释的方法将是较理想的方法。

　　学者们从不同视角论述了现代汉语白话文历时变迁的研究方法，王力（1980：17）和向熹（2010a，5-8）的研究较有代表性。王力认为现代汉语白话文的历时变迁研究需要关注以下四个原则：注意语言发展的历史过程、密切联系社会发展的历史、重视语言方面的联系和辨认语言发展的方向。王力的四原则告诉我们：研究现代汉语白话文变迁需要采用历时视角，从词汇、句法和语篇层面观察语言变化，这个过程中需要重视社会语境的作用。除此以外，还需要观察语言发展变化的方向，即古代语言遵循什么方向发展，当代语言又将朝哪个方向发展等，也就是该如何预测语言未来走向。因此，我们应从描述、解释和预测这三方面关注语言发展研究。

向熹（2010a：5-8）认为研究现代汉语白话文的方法主要有：归纳、比较、统计、证实、探源、转换、推演和联系。语言变化过程比较复杂，研究语言变迁很少只使用一种方法，需要综合使用多种方法。

翻译引起目标语言变化的研究涉及多种因素，更具特殊性，单一方法很难满足研究需求，需要综合考虑多种因素。但总起来说，语言变迁研究需要考虑内部因素和外部因素，外部因素如社会语境作用需要给予更大关注。

目前，语料库分析技术已经完全适用于研究历史语言学和语言历时发展。历史语言学家大多通过收集早期历史语料研究语言历时变化（Biber et al. 1998：203）。就翻译而言，现当代译者的语料相对容易收集，基于海量历史语料的研究相对有限。历史语料研究的最大瓶颈之一是缺乏大量的、有代表性的语料。但翻译影响目标语言变化研究中时间维度应作为最重要的参数之一。

Neumann（2011：240）提出研究翻译触发目标语言变迁应特别注意四条标准：

（1）能够识别目标语言的变化，尤其是能反映目标语言频率变化的语言特征和语言结构。理想状态下这些变化应体现在语言的不同层面，如词汇、句法、语篇等。

（2）应能证明这种变化是在翻译的影响下发生的，较理想的方法是能在源语中找到对应的表达方式。

（3）能识别翻译和目标语言变迁的因果关系，且能运用相关证据证明这种关系。

（4）能排除可能引起目标语言变化的其他原因，或至少能评估该原因可能产生的影响。

Neumann（2011：250）进一步论述了翻译触发的目标语言变迁研究需要综合不同的研究视角而不应只关注某个方面。因此，词源学、文本细读、问卷调查和观察目标原创语言作者的文本产出过程等都需要纳入考察范围，多方面了解造成变化的原因。研究翻译与目标语言变迁语料库方法比内省数据更有效；对于某种特定话题的语言特征和语言形式研究，有时可能是唯一可得的数据。若语料库数据与其他研究方法相结合（如内省、观察、文本分析或人类学方法等），可以发挥语料库的最大功效（House 2011：205-206）。Timofeeva（2011：130）也认为语料库方法是研究历史语料的最有效途径之一。

语言变化需要经过很长一段时间才能察觉，翻译触发的目标语言变迁研究涉及多种因素，更需要综合不同类型的语料库。不仅需要考虑语言因素，还需要关注社会语境等因素。类比语料库、双语平行语料库的研究不仅可以对比观察语言的历时变化，还可以探析相应语言结构的来源，加深对翻译过程的认识。参照语料库的语料是欧化前语言资料的蓝本，对比欧化与未受欧化影响的语料可以探寻语言变化的轨迹。实证研究表明：以历时语料为主的复合语料库的研究方法可以呈现翻译与语言发展变化的相关性，为翻译触发的语言接触和语言变化研究提供平台（Hansen-Schirra 2011；House 2011；Nellmann 2011；Zhao and Wang 2015；董元兴、赵秋荣 2012；王克非、秦洪武 2013；赵秋荣、王克非 2013, 2014, 2020 等）。双语作家精通中、外两种语言，在源语与目标语言之间游走，创作作品中的语言结构和语言特点自然受到外语与目标原创语言的双重影响。单语作家语言中若有异化成分，可能受到翻译的影响。单双语作家语料库可以为翻译影响创作语言提供一定证据。

本书历时复合语料库的方法综合了不同类型的语料库，具体步骤为：

首先，考察某种语言特征在不同时间段的频率。若目标原创语言中存在待考察的语言特征，使用频率有可能较低，随着该语言结构在翻译语言中使用频率增加，原创语言中的使用频率也会增加，或在原有结构基础上拓展为另一种结构，两种结构可能较长时间内并存，这些都可能导致该语言结构发生变化。

其次，通过平行语料库考察语言结构来源。若该语言特征的形式或功能与源语语言存在相似，目标语原创语言中使用频率较低，但某个时间段内使用频率突然上升，而后趋于稳定，说明该结构可能为受翻译影响而产生的结构。

3.4 小结

本章主要介绍了编码复制框架理论的构成、影响编码复制的因素、编码复制框架理论在翻译研究中的应用、语料库翻译研究的理论与方法，以及历时复合语料库考察模式的基础与方法等。

编码复制框架理论包括整体复制、选择复制和混合复制。受语言因素和社会语境因素制约，翻译触发目标语言变迁研究中，频率复制和社会语境因素将发挥重要作用。受多种因素制约，现代汉语白话文复制翻译语言将以选择复制为主。

最后，本章探讨了翻译影响目标语言变化研究的方法。现代汉语白话文的历时变化研究既需要观察现代汉语白话文的历时变化，又需要考察不同语言特征的译源结构。历时复合语料库综合了各种类型语料库的优势，将为考察翻译与目标语言变迁研究提供方法论。

第四章　历时复合语料库的建设与加工

研究目的决定了研究中具体使用何种类型的语料库。本书拟考察现代汉语白话文的早期发展及翻译在其中发挥的作用，单一类型语料库无法满足这一需求，需要采用基于历时语料的复合语料库考察模式，即基于历时语料，综合类比语料库（1910-1949）、双语平行语料库（1930-1949）、参照语料库以及单双语作家语料库的历时复合语料库。总考察期内类比语料库分为四个研究阶段，以每十年的后五年为一个考察阶段，适当拉开时间段，加密时间间距。

4.1 语料库的总体架构

本书的主体语料为文学语料，语料库的总体架构如图4-1所示：

4.2 历时复合语料库的设计

4.2.1 语料选择的标准

语料库是按照一定的语言学原则，采用一定取样标准收集的、能够代表一种语言或语言变体的、有一定容量的大型电子文本集（Bowker and Pearson 2002: 230；杨慧中 2002: 34）。设计什么样的语料库需视研究目的而定，但所选语料须有一定代表性，而且要有一定库容。

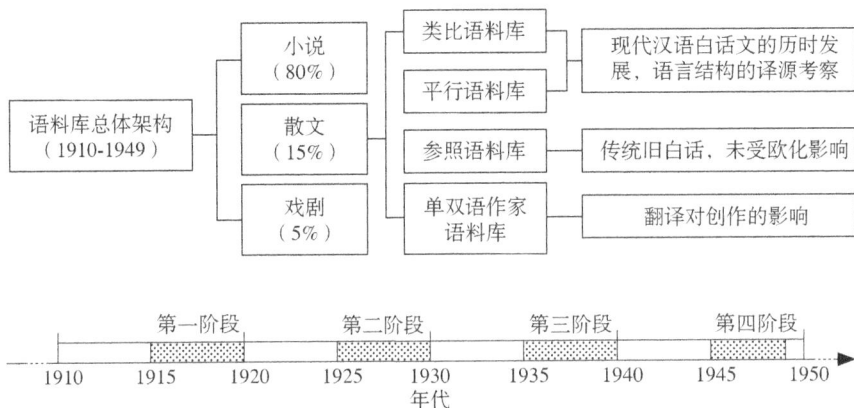

图4-1　语料库的总体架构

　　语料库建设和研究中需首先考虑的问题是语料选择与取样，即语料的代表性（representativeness）、平衡性（balance）和可比性（comparability）（Leech 2007）。Bowker and Pearson（2002：49）列出语料库建设中需着重注意的指标，如库容、部分提取与全文收录、文本数量、语料获取渠道、主题、文本类型、作者、语言和出版时间等。其中语料库采样的代表性、平衡性和库容等是研究者关注的重要议题。

　　代表性是语料库建设和研究中最重要的环节之一。语料库不仅仅是文本集合，更是一种或几种语言或语言变体的代表，是带有一定研究目的的语言集合。代表性表明预考察的数据多大程度上包括了总体（population）的变动范围（Biber 1993：243）。语料库建设首先需要定义目标总体的边界，即哪些文本应该收入到语料库中，哪些文本不能收入；其次要确立目标总体的内部结构。

　　平衡性是语料库建设应重点考虑的问题之一。理想状态下所收录文本的题材、语体、时代、时间跨度、译者/作者的年龄、性别等需大体一致，语料间需要达到一定平衡，但实际操作中很难完全保证平衡性。

　　语料库建设需要考虑的另外一个问题是库容。库容是决定语料库平衡性和可比性的关键指标之一。语料的库容究竟多大才有说服力，没有统一标准。但研究者更偏好使用库容较大的语料库。一般而言，语料库的库容越大越好，而且最好能不断更新。由于词语的出现频率非常不平衡，极少数的高频词反复出现且在语料库总词数中占绝大部分。研究低频罕见词时语料库库容越大越有优势。如第一代语料库的代表布朗语料库的库容是100万词，第二代语料库BNC库容为1亿词。现代语料库的规模也是越来越大。但Leech et al.（2009：15）提醒语料库建设者："小型语料库能更好控制体裁、文体和历时变化。详细标注、精度加工的语料库更有利于考察语言的发展变化。"Biber et al.（1998：253）认为历时语料库中每个阶段随机取样最理想。较大样本中需要抽样（sampling）。他提出10个文本基本可以代表LOB的基本语法特征。

语料库建设初期应特别关注语料选择。绝对代表性和平衡性虽很难达到，但却一直是语料库建设者的理想（McEnery and Hardie 2011：10）。语料多样性（diversity）、主题选择、库容大小、样本数量在语料库建设中非常重要，但可获得的数据及版权也是需要特别关注的问题。

4.2.2 历时复合语料库的语料选择

历时复合语料库应该包括哪些内容，不包括哪些内容；文章是全文收录还是随机取样，都没有一定标准，所有这些都需视具体研究目的而定。

根据研究目的及研究问题，本书以现代汉语白话文书面语的文学文本语料为主。现代汉语研究的语料应该是典范的现代汉语白话文著作，是现代汉民族共同语的典范式作品或公认的名家大师的作品（萧国政 1994：104）。胡裕树（1995）、沈孟璎（1999）等也持类似观点：典范的现代汉语白话文具有广泛代表性、享有较好声誉，公认为能在巩固和发展语言规范上发挥一定作用。

现代汉语语法研究要提取典范的现代汉语白话文中的用例。罗常培、吕叔湘（转引自肖国政 2001）、黄伯荣、廖序东（2002）等强调典范的现代汉语白话文著作对于确立语法规范具有十分重要的作用。现代著名作家的优秀白话文作品是典范白话文著作的代表，要以这种著作中的一般用例（而不是特殊用例）作为语法规范。全面的现代汉语研究应当以自然语言为对象，在语料选择上应当是自然语言的真实文本，即没有经过规范化筛选的语言样本

(刁晏斌 2006b：6）。施蛰存（1990）编辑《中国近代文学大系·翻译文学集》时选录文章的标准为：原作是世界文学名著，译者亦是一时名家。

　　文学语料是本书的主体语料。首先，学者和语言学家的观察反映了文学作品的重要性。文学翻译关注人的思维和语言之间的关系（Newmark 2003：57），"五四"时期新文化运动提倡者也持类似观点：语言文化与思想息息相关，翻译在改造现代汉语白话文中发挥着重要作用，改造现代汉语白话文旨在改变人们的思想。关注语言、关注翻译，实际上是重视人的思维变化。文学翻译与语言的关系决定了它在"五四"前后广受关注。其次，清末民初、"五四"前后的翻译实践活动多以文学翻译为主。吕叔湘（1942/1982）观察后提出"'五四'之前，白话文的使用只限于极其狭窄的领域，称得上有影响、值得看的只有通俗文学一隅。"20世纪前半叶，翻译活动的主要阵地是期刊、杂志，这些期刊多以刊载小说为主。有统计表明："1905-1918年期间出版的翻译小说约1000种，超过了此前出版的翻译小说的总和"（谢天振、查明建 2004）。再次，文学作品大多通俗、易懂，无论是翻译作品还是原创作品，都拥有较广泛的读者群。再者，语言发展变化的路径通常由口语扩展到书面语，但翻译触发的目标语言变化具有特殊性，先从书面语言开始，再扩展到口语。王力（1943/1985：334）认为：欧化语法现象往往只出现在汉语书面语中，口语中是不大说的。但无论如何，口语在语言发展中仍具有举足轻重的作用，本书尽量涵盖口语和书面语对语言发展变化的影响。历时复合语料库选取一定数量的戏剧文本，同时小说中的对话也是口语的代表。最后，双语平行语料库的建设除了考虑语料质量外，时间维度也非常重要，文学文本可供选择的语料相对较多，有助于从历时角度观察语言变迁。本书语料主要包括小说、散文和戏剧，其中小说约占80%，散文占15%，戏剧占5%。

　　参照以上标准，本书类比语料库、双语平行语料库、单双语作家语料库和参考语料库中语料的主要来源为：《民国时期总书目》[1]（1911-1949）

---

[1]《民国时期总书目》：以北京图书馆、上海图书馆、重庆图书馆的藏书为基础，收录1911年至1949年间国内出版的中文图书（包括译作）约10万种。该书由北京图书馆编纂，1986年到1997年由文献出版社陆续出版。

（社会科学类）、《民国时期总书目》（外国文学类）、《中国现代文学百家》（2010）[1]、《新青年》以及公开出版的文集等。语料来源主要有两种：一是正式出版的纸质版著作，二是期刊和专著的电子版。

类比语料库和双语平行语料库的取样标准为：原作是世界文学名著，译者是译界名家。类比语料库中的翻译汉语文本主要选自英语，或由英语转译，个别文本选自其他语言。双语平行语料库主要采用的是英汉双语平行语料。

单双语作家语料库主要选取广为熟知作家的语料。受不会外语这一特定要求的限制，可选的单语作家非常有限。本书单语作家以沈从文[2]为代表，双语作家以鲁迅等九位作家[3]为代表。此外，林语堂[4]能熟练运用英、汉两种语言进行创作与翻译，他对语言的把握和运用与前面提到的单、双语作家有一定区别。因此，双语作家语料库又细分为以鲁迅为代表的翻译、创作型译者、作家（单向）和以林语堂为代表的翻译、创作型作家（双向）。

参考语料库主要选取明清时期经典的旧白话作品，它们是未受欧化影响的语言代表。对比现代汉语白话文欧化前后的语料是观察翻译在现代汉语白话文变迁中发挥作用的有效途径之一。

复合语料库建设需要尽可能兼顾代表性、平衡性和可比性。确定了文本类型、译者、作家后，本书参考国内外大型语料库的取样原则，如英

---

[1] 《中国现代文学百家》：2010 年由华夏出版社正式出版发行，是中国现代文学馆隆重推出的规模最宏大、版本最原始、编校最严谨的现代文学经典集合。该系列丛书由权威研究专家编选，文本选取原则为作家作品的最初版本。

[2] 沈从文多次提到他的外语能力较弱。沈从文（2005）《友情》中说："我不识英语。当时寄信用的信封，全部是由他（王际真）写好由美国寄给我的"。夏志清（2001：165-167）也提到"沈从文，不识英语，连一句英文都不会说"。

[3] 鲁迅：留学日本，翻译了大量外国进步文学作品。周作人：曾与鲁迅一起提倡文艺活动，介绍外国新文学，共同翻译了《域外小说集》。此外，还翻译了多部英国、美国、日本、希腊等国家的作品。冰心：曾在美国、日本留学，翻译过多部印度作家作品，如泰戈尔的《园丁集》等。鲁彦："乡土文学"的代表，翻译了俄国、波兰、法国、德国等国家的作品，如《显克微支小说集》等。许地山：早年留学欧美，翻译了大量英、美、印度等国家的作品。张资平：早年留学日本，翻译了大量日本小说、自然科学方面等的著作。朱自清：留学美国，漫游欧洲。卞之琳：就读于北京大学英文系，较多地接触英国浪漫派、法国象征派的诗歌，著名翻译家。苏雪林：早年留学法国，有多部翻译作品。本研究中双语作家简介选自《中国现代文学百家》（陈建功等 2010）。

[4] 受所选文本限制，本书收集的林语堂的原创作品大多是序言或杂文，与小说有一些差别。

语－挪威语平行语料库（English-Norweigian Parallel Corpus，简称ENPC）
（Johansson 2007）和北京外国语大学"超大型英汉双语平行语料库"（王克
非 2012；王克非、秦洪武 2017）的取样标准。最终确立了本书历时复合语
料库的建库原则：

（1）以近现代语言为主，主要是现代汉语白话文文本。

（2）涵盖多位作家和译者，尽量保持多样性。

（3）语料在文本类型、语域方面具有类比关系。

（4）采用全文收录与抽样相结合的方法，从节选作品开头的连贯语句
开始收录。每个完整章节选取开头的3万词（截止到完整的句子），短小篇
幅则全文收录[1]。

新文化运动到中华人民共和国成立初期，正值现代汉语白话文初步形
成和逐步确立时期。在这期间，现代汉语白话文书面语的面貌基本形成，
绝大部分欧化语法现象在这段时期内产生、流行开来，有的甚至成为现代
汉语白话文的一部分。因此，考察现代汉语白话文的早期发展、研究翻译
在现代汉语白话文变化中的作用，"五四"前后的一二十年无疑是最重要的
时期。新文化运动以前，旧白话作品中的白话文已初具雏形，为现代汉语
白话文的发展奠定了基础。鉴于此，本书将现代汉语白话文初步形成的前
确立阶段纳入考察范围，历时语料库收集的时间段主要为1900年到1949年
约50年。语料收集过程中发现：1900-1910年[2]间的翻译语料或采用文言文
形式，或者半文半白，加工标注难度大；且这段时期翻译语料的获取难度

---

[1] 施蛰存（1990）选取译文的原则是："选录译文取样时，短篇小说拟选独立完整之短篇小说。
未能全书选用者，则选用一、二段。"

[2] 本书最初将1900-1949划分为五个阶段：1905-1910、1915-1920、1925-1930、1935-1940、
1945-1949。但语料搜集过程中发现：清末民初大多数翻译为编译或改编，很难与原文对齐。
这段时期翻译语料和原创语料主要是文言文或半文半白的文本，加工标注难度较大。首先，
体现在标点符号上。标点符号未规范前，断句主要凭借主观判断；有的作品只使用断句符号，
增加了语料加工标注的困难。其次，这段时期语言文白夹杂，用于处理现代汉语白话文的标
注软件较难处理这些语料。如《印雪簃译丛》（1906）中："余与卓士德君。将回家晚膳。余友
结婚至今。已一年矣。伊近来恒家居。余因事出城数礼拜。昨日始回。"翻译汉语中的语言与
现代汉语白话文的语言存在一定差异。分词工具无法实现自动切分、标注。若全部采用人工
切分、标注，主观性较大，且很难保证前后一致。因此，第一阶段的语料仅作为参考语料。

较大。因此，本书主要收集1910-1949年间的语料，1900-1910年间的语料只做参考。

四个子库的详细设计与构成为：

（1）历时类比语料库（1910-1949）

历时类比语料库（Diacronic Comparable Corpora，简称DCC）主要选取1910-1949年的翻译文学作品和原创文学作品，涵盖107位作家/译者。翻译文学包括伍光健的《狭路冤家》、杨缤的《傲慢与偏见》等；原创文学包括鲁迅的《阿Q正传》、老舍的《骆驼祥子》等。类比语料库的库容为2,154,333个字，详见附录1。

（2）双语平行语料库（1930-1949）

双语平行语料库（Bilingual Parallel Corpora，简称BPC）由类比语料库的翻译作品与其源语组成。受时代局限和语料来源限制，平行语料库只收集了1930-1949年间的语料，库容为1,418,126个字/词，详见附录2。

（3）参照语料库（1905年以前）

对比语言欧化前后的语料更能发现新的表达法。借助参考语料库（Reference Corpora，简称RC）对比欧化前后的语言特点，有助于发现受翻译影响出现的新表达法。以王力、吕叔湘为代表的语言学家考察汉语语法现象时多以旧白话小说为参照。参考他们的做法，本书将1905年以前的作品纳入考察范围，包括《红楼梦》《儿女英雄传》等。这些著作成书于18、19世纪晚期，以北京话为载体，可以认为没有受到"欧化"翻译的影响。对比欧化前后的语料，可以观察到语言变化及翻译的影响。参考语料库的库容为4,071,101个字，详见附录3。

（4）单双语作家语料库

单双语作家语料库（Monolingual & Bilingual Corpora，简称MBC）主要收集单语作家、译者兼创作家和双语作家作品。双语作家选择林语堂；译者兼创作家以鲁迅、周作人和冰心等九位作家为例；单语作家以沈从文为个例研究。库容为314,616个字，详见附录4。

4.3 历时复合语料库：分段标准

19世纪晚期到20世纪初，短短几十年内中国社会发生了一系列变化，翻译界经历了两次翻译高潮。一次是晚清末年，一次是"五四"前后。第二次翻译高潮中，翻译文学由文学多元系统的边缘位置走到中心位置，并在很长一段时期内处于核心位置。这段时期恰逢现代汉语白话文取代了文言文，学界又提倡借助翻译改造现代汉语，翻译的地位与作用可见一斑。

学者考察"五四"前后翻译研究时倾向于划分时间段，分段标准大多参考政治、文化、历史事件。如郭延礼（1999）将翻译文学划分为发展期（1895-1906）、繁荣期（1907-1919）；方华文（2005）将20世纪初期翻译史分为清末民初翻译史和民国时期翻译史；谢天振、查明建（2004）将其划分为清末民初的文学翻译、"五四"与20年代的翻译、三四十年代的翻译等；朱一凡（2011：48-49）将"欧化"分为自发期（1905-1917）、自觉欧化（1918-1928）和反思期（1929-1936）等。但王力（1980：34-35）对语言发展以历史大事件为划分标准持不同意见：语言发展和历史事件的联系是间接的。历史大事件在语言变迁中只能发挥外因的作用："历史大事件对语言发展产生了影响，但是这些大事件与语言历史分期的关系是间接的，它们不能作为分期的标准"。

国外语言学界、翻译界研究语言变迁通常也采用分期的方法。国际上历时语料库的时间跨度取样为我们提供了一定参考，如：赫尔辛基历时语料库收集的语料集中于850-1720年间，以100年为一个时间段；Leech et al.（2009）、Baker（2017）研究现代英语发展变化时以30年为一个时间段；House（2003，2006，2009，2011等）考察翻译对德语的影响时将语料划分为1978-1982和1999-2002两个时间段，相距大约20年。这些研究多以100年、30年或20年为分段点，不完全适用于现代汉语白话文的早期变迁研究。

语言变化是长期缓慢的进程，有时需要数十年甚至上百年才能察觉，但"五四"前后短短数十年间现代汉语白话文发生了显著变化。现代汉语白话文短时期内发生了重大变化，如果分段时间过长，有的语言特征可能不容易捕捉；如果以自然年为分段点，语言变化的特点可能不凸显。也就是说，时间段划分既不宜过短也不宜过长，所考察的时间段内最好既能呈现一定时间跨度，又能加密时间间距，从而捕捉到短时间内的语言变化。

因此，本书借鉴国内外语言变化研究的成果，采用历时语料库的方法，语料分期标准选取自然年每十年的后五年为一个研究阶段，加密时间间距即1915-1920年为第一阶段，1925-1930年为第二阶段，1935-1940年为第三阶段，1945-1949年为第四阶段。四个阶段的取样呈现一定时间跨度，随机取样，更有利于观察现代汉语白话文的发展变迁。

本书考察现代汉语白话文的历时变化及翻译在目标语言变化中的作用，共时考察的基础上，重视语言的历时变化。不同时间段之间以历时比较为主，相同时间段之间以共时对比为主。类比语料库四个阶段的构成及库容情况如表4-1所示：

表4-1 类比语料库的构成及库容

语料库 ＼ 时间段	1915-1920	1925-1930	1935-1940	1945-1949
翻译汉语	72,447	152,566	391,011	344,780
原创汉语	113,424	405,882	429,564	244,659
库容	185,871	558,448	820,575	589,439

4.4 语料收集、加工、标注、提取

语料质量是语料库存在的基础。语料库建设除了要收集优质语料外，还需要处理得当，对语料进行深度加工。因此，提高语料加工的精度和深度，挑选合适的检索和提取工具都是语料库建设需要考虑的问题。

4.4.1 语料收集

新文化运动前后的翻译作品和原创作品大多首先出现在期刊杂志上。原创作品（有的作品再版后差别较大，如巴金的《家》有不同的版本，1957年版本对1931年版本进行了多处修改）再版时改动较大，有很多变化。因此，入库语料尽量挑选作品的最初版本。原创作品有可能经过多

次修改和再版，译文修改再版的情况相对要少，但译文重译现象较多。译文重译一定程度上也反映了时代和语言的变化。本书尽量挑选有影响力的知名译者的译作，这些译作流传较广，拥有较多读者。这些语料距今已有六七十年时间，多收藏于国家图书馆缩微图书馆、清华大学、北京大学等学校或科研机构的古籍阅览室，文本收集难度相当大。

　　本书语料来源主要包括两部分：一是纸质印刷物，二是电子版期刊、书籍。纸质印刷物采用先扫描后转写的方式，或直接人工录入[1]。电子版采用ABBYY FineReader识别后，存储为纯文本格式。为方便语料后期扩展、共享及检索，统一存为xml格式。语料收集建库路线图，见图4-2：

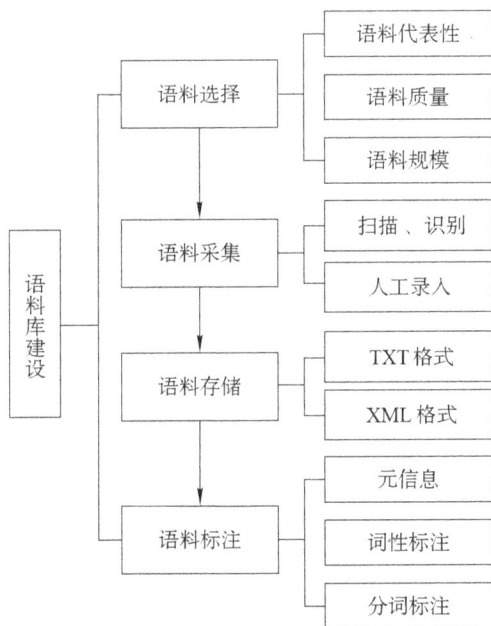

图4-2　语料库加工路线图

---

[1] "五四"前后的译文语料库基本采用人工录入方式收集。一来这段时期语料的电子版较难获取；二来可获取的部分电子版本纸张颜色较暗、文字采用竖排展示、文白夹杂、软件识别率非常低，这些都加大了转写难度，限制了扫描后转写的质量。因此，这部分语料只能采用人工录入的方式。

4.4.2 语料预处理

语料库预处理过程比较繁琐，主要涉及文本清洁和文件分割等。

首先，文本清洁。本书所需要的语料部分从网络上下载，格式不一致，有乱码现象。另外部分语料是PDF格式，需要转写成txt格式。本书主要采用ABBYY FineReader软件识别。此软件的功能虽很强大，但识别"五四"前后语料的效果不佳，仍需要做很多人工处理，如需要手工录入等。

为了去掉文本中的多余空格、空行、软回车等，本书语料处理综合使用EditPad Pro、EditPlus、PowerGrep多种软件以及根据研究需要开发的语料处理工具集，将文本编辑为语料库软件可识别、检索和提取的文本格式，完成了语料库建设的第一步。

其中，EditPad Pro是一款非常重要的文本编辑器。它的高亮搜索、查找、替换和正则表达式（regular expression）的功能是语料库加工处理中不可缺少的。此外，这款文字编辑器具有无限制撤销、自动换行、列数标记、搜索代替、编辑多文件等功能，是双语平行语料库对齐前进行语料预处理的重要帮手。PowerGrep可以批量处理不同目录或同一目录下的多重子目录文件，也可以处理多种文件类型，它还充分融合了正则表达式的查找功能，是一款功能强大的软件。本书综合采用Editpad，EidtPlus，PowerGREP以及Word的各种功能。

其次，文本分割。文本分割的好处有两点，一是控制文件大小，方便后期处理；二是保持语料平衡，使语料库更具代表性和平衡性。本书收集的文本大多较长，需要进行文本分割。本书使用自主开发的文本处理工具集（如图4-3所示），从文本起始句开始提取，每部作品提取3万字左右（从文本开始到一个完整的句子结束）。

除了分割较大文本、提取指定段落或字数外，本书还需要检索和提取某些指定的语言形式。有些软件只能实现部分功能，提取的语料不能满足本书研究需求。如提取含有"一个"的语言项时，AntConc提取含"一个"的句子保存时"一个"的数量会加倍等，增加了语料加工的难度。根据研究需要，本书开发了语料处理基础工具集（见图4-3）。该工具集主要包括三个功能：文本分割、文本提取和正则表达式，可以较好地满足本书研究需要。后续还可以根据具体需要添加其他功能。

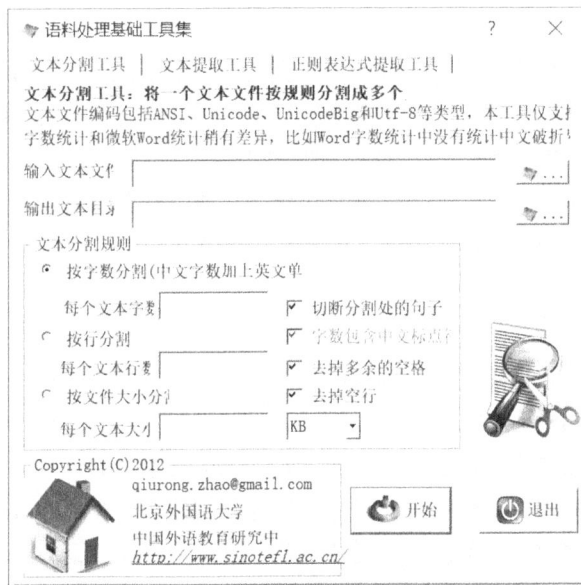

图4-3　文本处理工具

4.4.3 语料标注

生语料指未经加工标注的语料。获得生语料相对简单，但生语料的研究价值较小。使用标注过的语料更有利于提取相关语言结构，从而进行深入研究。本书语料库标注主要包括三个方面：（1）元信息（metadata）标注（2）分词（tokenization 或 segmentation）（3）词性标注（part of speech）。

（1）元信息标注

元信息标注指标注语料库的头部信息。具体标注哪些元信息取决于研究者的目的和研究需求。本书元信息标注主要包括：语言、源语来源、标题、作家/译者姓名、文本类型、出版社、年代、抽样字数等。如：
<TEXT_HEAD><LANGUAGE>Chinese</LANGUAGE><SL>English</SL><TITLE>HaoQiZi</TITLE><TRANS>WangHongsheng</TRANS><CATEGORY>1</CATEGORY><GENRE>L</GENRE><PUBLISHER>Shanghaiqimingshuju</PUBLISHER><TIME>1936</TIME><SIZE>26170</SIZE></TEXT_HEAD>

（本书元信息标注中"SL"指 source language，源语；"TRANS"指 translator，译者；"CATEGORY"主要指类别，包括文学类和社科类，其中"1"指文学类语料，"2"指社科类语料；"GENRE"指体裁，其中"L"指文学类语料，"E"指散文，"D"指戏剧。）

元信息标注有助于快速提取相应信息，为文件共享提供极大便利。同时，有利于分别提取特定译者、作者和出版社等信息，为进行细致文本阅读提供便利。

（2）分词

分词指将一连串字符分割成相互分离、容易识别的型符。国外开发的软件如 WordSmith、ParaConc 等只支持分词后的语料。英语分词相对简单，可在型符后加空格，将型符或符号分开。汉语文本中的词与词或字与字之间不像英语那样有空格，而且汉语分词非常复杂，有时还有歧义，汉语分词的步骤更繁琐。为保证文本处理前后一致，本书汉语语料标注、分词全部采用 ICTCLAS2008。该软件由中国科学院计算所开发，有大规模用户词汇支持，可进行多种格式的编码，是中文信息处理的基础与关键。该软件支持自动分词，分词精度达 98.45%[1]。

（3）词性标注

为方便检索和语言处理，本书所有语料已进行词性标注，也就是将本书中的所有词汇加上对应标签，如标注名词、动词、形容词等，方便查询。

本书英语文本词性标注采用兰卡斯特大学开发的 CLAWS[2]。从 20 世纪 80 年代开始，CLAWS 不断改进，标注精度大大提高，最新一款 CLAWS 的标注精度达 98%。该软件有较成熟的词性赋码集（C7 tagset），共有 137 个码，仅动词一项就有 31 种码。汉语词性标注采用中科院开发的 ICTCLAS2008，该软件的词性标注精度达 94.63%[3]。ICTCLAS2008 将第一层次的词性分为 22 类。除了常用的名词、动词和形容词外，还有区别词、方位词、状态词以及字符串等。22 类又扩展成词的第二、三层次等 80 个小类。

---

[1] 具体见 http://ictclas.org/index.html，采集时间 2013 年 2 月 1 日。

2 具体见 http://ucrel.lancs.ac.uk/claws/，采集时间 2013 年 2 月 1 日。

3 具体见 http://ictclas.org/index.html，采集时间 2013 年 2 月 1 日。

标注如下所示：

例（1）We knew him in those unprotected days when we were content to hold in our hands our lives and our property[1]. (选自 BPC)

英语文本的标注[2]结果为：

We_PPIS2 knew_VVD him_PPHO1 in_II those_DD2 unprotected_JJ days_NNT2 when_RRQ we_PPIS2 were_VBDR content_JJ to_TO hold_VVI in_II our_APPGE hands_NN2 our_APPGE lives_NN2 and_CC our_APPGE property_NN1.

英语标注软件精度相对高，错误少。汉语的标注软件处理时存在较多问题，"五四"前后的原创文本及翻译文本处理人名、地名、专有名词时问题更多，需要大量人工修改。如：

例（2）因为我小时候曾经请我家邻近的柴主人阿庆教过《梅花三弄》，又请对面弄里一个裁缝司务大汉教过胡琴上的工尺。（选自 DCC）

自动分词（无赋码）：因为 我 小时候 曾经 请 我 家 邻近 的 柴 主人 阿庆 教 过 《 梅花 三 弄 》，又 请 对面 弄 里 一个 裁缝 司 务 大汉 教 过 胡琴 上 的 工尺 。

自动词性标注（有赋码）：因为/p 我/rr 小时候/t 曾经/d 请/v 我/rr 家/n 邻近/vn 的/ude1 柴/n 主人/n 阿庆教/nr 过/d 《/wkz 梅花/n 三/m 弄/v 》/wky ，/wd 又/d 请/v 对面/f 弄/v 里/f 一个/mq 裁缝/n 司/ng 务/vg 大汉/n

---

[1] 除特殊注明外，本书所举实例皆出自本书建设的历时复合建语料库。

[2] 根据CLAWS7词性赋码集，英文赋码采用 "_" 后加赋码标注的形式。此句中的赋码具体指PPIS2：第一人称代词复数；VVD：动词过去式；PPHO1：第三人称单数的宾语形式；II：介词；RRQ：Wh等开头的副词，如when，where等；VBDR：动词were；JJ：形容词；NNT2：时间名词复数；PPIS2:第一人称复数主格；To：不定式to；VV1：不定式后的动词；APPGE：物主代词；NN2：名词复数；CC：并列连词；NN1：名词单数。具体见http://ucrel.lancs.ac.uk/claws7tags.html

教/v 过/uguo 胡琴/n 上/f 的/ude1 工尺/n 。/wj

人工校对后的词性标注（有赋码）：因为 我 小时候 曾经 请 我 家 邻近 的 柴 主人 阿庆 教 过《梅花三弄》，又 请 对面 弄里 一个 裁缝 司务 大汉 教 过 胡琴 上 的 工尺 。

人工词性标注校对：因为/c 我/rr 小时候/t 曾经/d 请/v 我/rr 家/n 邻近/vn 的/ude1 柴/nr1 主人/n 阿庆/nr2 教/v 过/uguo《/wkz 梅花三弄/n 》/wky ，/wd 又/d 请/v 对面/f 弄里/n 一个/mq 裁缝/n 司务/n 大汉/n 教/v 过/d 胡琴/n 上/f 的/ude1 工尺/n 。/wj[1]

> 例（3）当蒋略和伊利萨伯寂寞时，蒋略细心玩味背格累的赞美，又向她的妹妹表示如何的爱慕他。（选自 DCC）

自动分词（无赋码）：当 蒋略 和 伊 利萨 伯 寂寞 时，蒋 略 细心 玩味 背 格 累 的 赞美，又 向 她 的 妹妹 表示 如何 的 爱慕 他 。

自动词性标注（有赋码）：当/p 蒋/nr1 略/d 和/cc 伊/b 利萨/nrf 伯/ng 寂寞/a 时/ng ，/wd 蒋/nr1 略/d 细心/ad 玩味/v 背/v 格/b 累/a 的/ude1 赞美/vn ，/wd 又/d 向/p 她/rr 的/ude1 妹妹/n 表示/v 如何/ryv 的/ude1 爱慕/vn 他/rr 。/wj

人工校对分词（无赋码）：当 蒋略 和 伊利萨伯 寂寞 时，蒋略 细心 玩味 背格累 的 赞美，又 向 她 的 妹妹 表示 如何 的 爱慕 他 。

人工校对词性标注（有赋码）：当/p 蒋略/nrf 和/cc 伊利萨伯/nrf 寂寞/a 时/ng ，/wd 蒋略/nrf 细心/ad 玩味/v 背格累/nrf 的/ude1 赞美/vn ，/wd 又/d 向/p 她/rr 的/ude1 妹妹/n 表示/v 如何/ryv 的/ude1 爱慕/vn 他/rr 。/wj

自动分词和自动词性标注软件不能识别如例（2）、例（3）中的人名、书名和职务名称等专有名词，需要重新进行人工校对、标注。翻译语料库中专有名词更多，因此专有名词标注不准确的情况更加突出。ICTCLA2008

---

[1] 根据计算所汉语标注集，汉语标注为"/"后加赋码标注的形式。此句中的赋码具体指：c：连词；rr：人称代词；t：时间词；d：副词；v：动词；n：名词；a：形容词；ude1：的或底；nr1：汉语姓氏；nr2：汉语名字；wkz：左括号；wky：右括号；wd：逗号；f：方位词；mq：数量词；uguo：过；wj：句号。详见 http://ictclas.org。

处理现代汉语白话文的准确率较高，但处理旧白话作品的问题相对较多。需要大量人工校对与修改。

　　　　例（4）据这燕北闲人自己说，他幼年在塾读书，适逢一日先生不在馆里，他读到"宰予昼寝"一章，偶然有些困倦，便把书丢过一边，也学那圣门高弟隐几而卧。（选自 RC）

　　自动分词（无赋码）：据 这 燕 北 闲人 自己 说 ，他 幼年 在 塾 读书 ，适逢 一日 先生 不 在 馆里 ，他 读到"宰予昼寝"一 章 ，偶然 有些 困倦 ，便 把 书 丢过 一边 ，也 学 那 圣门 高弟 隐 几 而 卧 。

　　自动词性标注（有赋码）：据/p 这/rzv 燕/ng 北/f 闲人/n 自己/rr 说/v ，/wd 他/rr 幼年/t 在/p 塾/n 读书/vi ，/wd 适逢/v 一日/t 先生/n 不/d 在/p 馆里/n ，/wd 他/rr 读/v 到/v"/wyz 宰/v 予/vg 昼/tg 寝/vg "/wyy 一/m 章/q ，/wd 偶然/a 有些/rz 困倦/an ，/wd 便/d 把/pba 书/n 丢/v 过/uguo 一边/f ，/wd 也/d 学/v 那/rzv 圣/ag 门/n 高/a 弟/n 隐/v 几/m 而/cc 卧/vi 。

　　人工校对分词（无赋码）：据 这 燕北闲人 自己 说 ，他 幼年 在 塾 读书 ，适逢 一日 先生 不 在 馆里 ，他 读到"宰予昼寝"一 章 ，偶然 有些 困倦 ，便 把 书 丢过 一边 ，也 学 那 圣门 高弟 隐 几 而 卧 。

　　人工校对词性标注（有赋码）：据/p 这/rzv 燕北闲人/n 自己/rr 说/v ，/wd 他/rr 幼年/t 在/p 塾/n 读书/vi ，/wd 适逢/v 一日/t 先生/n 不/d 在/p 馆/n 里/f ，/wd 他/rr 读/v 到/v"/wyz 宰予昼寝/n "/wyy 一/m 章/q ，/wd 偶然/a 有些/rz 困倦/an ，/wd 便/d 把/pba 书/n 丢/v 过/uguo 一边/f ，/wd 也/d 学/v 那/rzv 圣/ag 门/n 高/a 弟/n 隐/v 几/n 而/cc 卧/vi 。

　　参照语料库以传统旧白话为主要资源，这段时期的语料多使用单字如"兄""时""氏""帖"等，用词古雅，若仅仅采用 ICTCLAS2008 进行自动分词和词性标注，准确性较低。因此，为确保参照语料库与其他语料库的分词前后一致且保证准确性，对参照语料库的语料进行了人工校对。

　　总之，为确保研究中语料分词、标注的一致性，本书首先使用软件对所有语料进行初步加工，然后对语料进行人工校对。为方便提取与共享，校对后的文本保存为文本格式（txt 格式）和 XML 格式。

4.4.4 语料检索、提取

随着计算机技术的发展，语料库语言学的分析与统计工具层出不穷。本书综合使用了AntConc、WordSmith，ParaConc和自主开发的文本处理工具集等各种语料库加工、检索和提取软件。

WordSmith是本书使用的主要工具之一，该软件由Scott（2004）开发，牛津大学出版社出版。WordSmith自问世以来，不断升级，功能日趋完善。至2020年已升级至8.0版本，本书采用的是WordSmith Tools 6.0（见图4-4），是国际语料库研究中采用的主要软件之一。它的主要功能包括检索（concord）、词表（wordlist）和关键词（keyword）。本书的词汇密度、平均句长和平均句段长等参数皆由WordSmith统计获得。

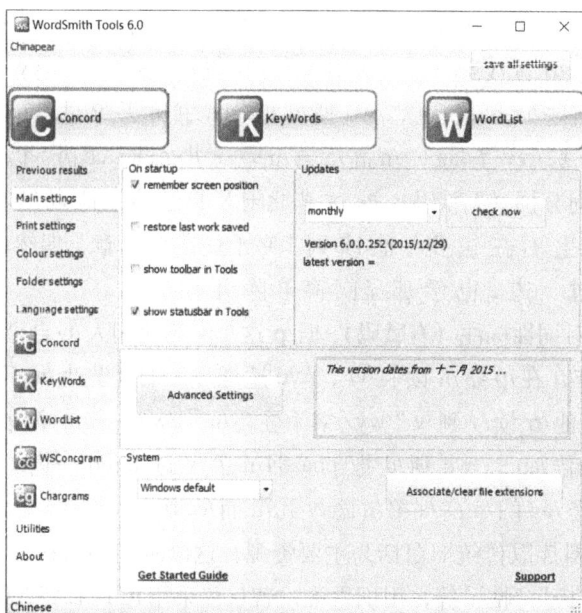

图4-4　WordSmith 6.0的主要功能

ParaConc由Barlow（1995）开发研制，可实现双语或多语语料对齐、检索和提取（见图4-5），是国际上常用的语料库研究语料工具，广泛应用于翻译研究和翻译教学中。ParaConc处理相近语言对间语料对齐的效度较高。英语和汉语隶属不同语言对，翻译文本中一对多的现象普遍存在，软件自动对齐效果不佳。本书采取的方法是：首先使用ParaConc预对齐，然后进行人工校对，达到句级对齐。

图4-5　用ParaConc对齐语料

此外，本书使用ParaConc进行平行检索。ParaConc支持正则表达式，可以对预考察的词项进行批量检索。检索界面上下两个页面平行显示，能直观展示原文和译文的对应检索，实现中英文一对一或一对多的对应检索，有助于观察某种表达形式的译源结构，帮助研究者发现两种语言间的差异，进而揭示翻译转换规律。如图4-6为用ParaConc检索话语重述标记"总之"的索引行。

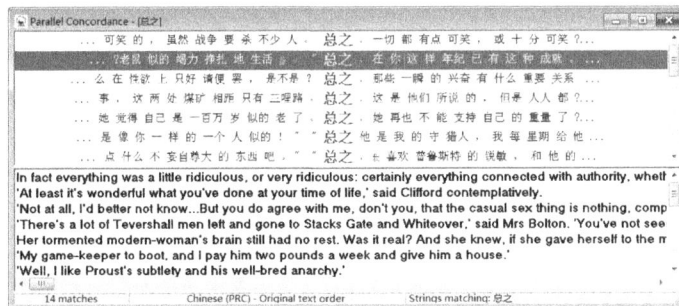

图4-6　用ParaConc检索"总之"的译源结构

4.5 小结

本章简要介绍了历时复合语料库（1910-1949）的建设和加工。历时复合语料库的加工和建设涉及维度较多，需要综合考虑文类、时间跨度、代表性和平衡性等一系列问题。受可获取语料质量、数量等方面的限制，语料库的建设难度非常大；随着时间维度的加入，需要兼顾不同时间段的语料数量和质量，语料库的总体架构、分段标准、取样原则、语料加工、标注、检索和提取等方面的难度也随之增加，这些都是历时语料库建设中需要着重考虑的问题。

本书综合考虑了语料库建设过程中已经遇到的或可能遇到的问题，语料收集兼顾了时间段、文体、代表性和平衡性等，所有语料使用统一的加工、标注软件，确保标准一致；对所有语料进行了人工校对，尽量将自动标注错误率降低到最小；同时使用统一检索软件，如国际上通用的检索、提取工具 WordSmith 和 ParaConc 等，还根据研究需要开发了语料处理基础工具集，保证了研究工作的顺利进行。本书建设的历时复合语料库将为描述现代汉语白话文的历时变化，探讨翻译与语言变化的关系提供语料基础，而历时复合语料库的方法将为探索翻译触发的目标语言变迁研究提供方法论指导。

第五章 原创汉语与翻译汉语文本的语言文体特点：基于统计的考察

　　一种语言翻译成另一种语言，译入语（翻译语言）既不同于源语，也有别于目标语（原创语言），具有特殊性。翻译语言不可避免地带有翻译味[1]（translationese），这几乎已成共识。英译汉翻译中习惯称之为"欧化"。由于历史和时代原因，我们说的"欧化"通常有一定负面意义。

　　翻译汉语具有什么样的特征？翻译汉语的特征对原创汉语即现代汉语白话文是否有影响，或多大程度上影响了现代汉语白话文的发展？为了回答上述问题，本章首先简要介绍了考察翻译语言和原创语言差异的参数，然后基于语言文体特点，从词汇密度、平均句长和平均句段长等维度分别统计翻译汉语和原创汉语的历时变化。

5.1 考察语言文体特点的常用参数

　　从 20 世纪70 年代末起，多元系统理论开始重新审视翻译的社会地位和翻译在整个目标语系统中的作用。翻译研究的对象不应是单个翻译文本，而是连贯的翻译文本构成的语料库（Toury 1981）。在计算机技术、语料库语言学和翻译研究的积极推动下，基于语料库的翻译研究迅速发展。

---

[1] 也有学者称为"翻译体""翻译语言的特征"或"第三编码"（Baker 1993；Frawley 1984；Teich 2003等）。

Baker（1996：75）提出了一个新概念"基于语料库的翻译研究"（corpus-based translation studies），将语料库这种定量研究的方法应用于翻译研究中。Laviosa（1998：1）将语料库应用于翻译研究看作一种"新范式"（a new paradigm）。王克非（2006：8）提出语料库翻译学的概念，赋予语料库与翻译研究更多内涵。语料库与翻译研究的结合已经为翻译研究注入新活力，并将继续推动翻译研究的迅速发展。

语言文体特点的常用考察参数包括：频率、词汇密度、标准类符/型符比、平均句长、平均句段长、平均词长。统计方法有卡方检验或对数似然检验等。

频率是语料库研究或定量研究关注的首要参数。语料库观察项的对比实际上是两个或多个语料间观察项的频率对比。如以情态动词"must"为观察项，对比布朗家族语料库1960年与1990年的语料后，可以发现情态动词"must"的频率呈降低走势。频率通常涉及过多使用或使用不足。Leech（2011）提出使用频率变化是观察语言变化的主要因子之一。语料库数据虽带有一定偶然性，但大型语料库的数据可以较好地避免偶然性，更有说服力。基于语料库的翻译研究大多通过观察预考察的词汇或语法特征在翻译文本和原创文本的频数，然后与原创语言的频率相比较，得出哪些语言现象使用过多，哪些语言现象使用不足的结论，在此基础上解释出现上述现象的原因。

高频词指的是出现频率至少占库容0.10%以上的词项（Laviosa 1998）。语料库研究通常更重视高频词的使用。但Kenny（2001）的考察发现低频词通常是新的语言形式的来源。可见，低频词和高频词在研究中发挥的作用各不相同，研究中需要重点考察高频词还是低频词，需视研究目的而定。

概率（probability）是与频率相关的一个重要概念。语料库语言学的目标之一是解释各种语言现象发生的概率，探讨观察的语言项在实际语言中发生的频率（Kennedy 1998：270）。因此，探究翻译与现代汉语白话文的变迁研究，通过观察语言特征考察项之间的频率对比，发现使用差异是有效方法之一。具体而言，翻译与目标语言的变化研究需要首先考察观察项在目标语原创语言、翻译语言以及英语源语中的频率变化，然后根据频率变化找出三者关系。

词汇密度（lexical density）是衡量文本信息量的重要指标。一般而言，词汇密度越高，作者重复使用的词汇越少，词汇越丰富。衡量词汇密度的方法通常有两种：一是实义词总数量与总词数的比值（Stubbs 1986：33）。采用这种方法的前提是对所有的词汇进行词性标注，然后提取所有的实义词，计算实义词与总词数的比值。另一种方法是使用类符/型符比（type/ token ratio，简称TTR），即所有类符和所有型符的比值。类符指文本一共有多少不同的词形，型符则指文本的总字数。功能词每增加一次，会增加一个型符，但类符却不一定增加。库容越大，功能词重复的次数越多，TTR会越低。类符/型符比的值会受到一定影响。因此，受文本长度限制，单纯类符/型符比可比性不强，也就是说，用TTR衡量词汇密度不太合理。基于此，Scott（2004）又提出了一种新方法测量词汇密度，即使用标准类符/型符比（Standardized Type/ Token Ratio，简称STTR）。标准类符/型符比以词表中某一基数（通常默认值为1000词）为单位，计算出TTR，最后取其平均值，得到标准类符/型符比值。标准类符/型符比可以避免文本长度对类符/型符比产生的影响。因此，语料库研究中多使用标准类符/型符比，本书计算词汇密度也采用标准类符／型符比。

平均句长是语料库翻译研究通常考察的参数之一，常用来对比翻译语言和原创语言的平均句长，借此发现翻译语言的语言特征。计算方法是总词数除以句子数量。

汉语书面语使用标点符号的历史不长，标点符号尤其是逗号使用比较随意，频繁使用逗号或"一逗到底"的现象非常普遍。因此，原创汉语的平均句长较长，有时甚至超过了翻译汉语，从平均句长上还不能解释翻译汉语和原创汉语的差异。研究者（秦洪武 2010；肖忠华 2012；赵秋荣、王克非 2013）发现：平均句段长更适合区别翻译汉语和原创汉语的语言特征。平均句段长的计算方法为总词数与句段数量的比值。

英语中平均词长通常用来判断词汇难度。汉语词汇没有曲折形式，但双音节和多音节词汇等可以通过平均词长获得。

了解了语料库文体研究中常用考察参数后，判断考察项的使用频率是否属于偶然出现，是研究中需要着重注意的。统计学上通常使用卡方检验

（Chi-square test）或对数似然率（loglikelyhood）检验两个语料库中的语言考察项是否存在显著性差异。

卡方检验通过比较实际频数与期望频数的差别，获得二者是否存在显著差异的结论。实际频数是实际观察到的频数，期望频数是根据某种理论模式或特征分布做出假设期望得到或应该得到的频数。实际频数与期望频数差别越大，卡方值（x^2）越大（李绍山 2001；梁茂成等 2010；赵秋荣等 2011）。卡方检验的计算公式为：

$$x^2 = \sum \frac{(O-E)^2}{E} \tag{1}$$

（式中 O 是实际频数或观测频数；E 为期望频数或理论频数）

对数似然率统计是一种概率模型，来源于统计学的似然比理论（likelihood ratio），常用来比较观察频率在不同语料库中的显著性差异。对数似然率统计通常用卡方分布解释，如卡方值大于某特定概率标准（即显著性差异）下的理论值时拒绝零假说，即实测值与理论值的差异在该显著性水平下是显著性差异。本书中用符号"*""**"和"***"分别表明在0.05、0.01和0.001上具有显著性差异。"+"表明过多使用，"－"表明使用不足。计算公式为：

$$-2\ln\lambda = 2\sum_i o_i \ln(\frac{O_i}{E_i}) \tag{2}$$

这里的观测频数"O"和期望频数"E"与卡方检验中的观测频数和期望频数相同。如果研究中使用的文本较小，对数似然率的效果可能优于卡方检验；如果文本较大，二者的比值比较接近（Dumming 1993）。但究竟多少语料属于较大文本，多少语料属于较小文本，目前语料库研究中仍无定论。

除了上述参数和统计方法外，语料库翻译研究中还有其他考察参数和多种统计方法，如Z值、T值、MI值以及多因子统计方法等多种统计方法和手段等，具体应用哪些参数或统计方法，需视研究目的而定。

5.2 翻译汉语和原创汉语的文体特征比较[1]

探究翻译汉语和原创汉语文体特点常用的参数有词汇密度、平均句长、平均句段长和平均词长。这些参数在语言变迁中非常敏感，是语言变化的指示因子。使用5.1中提到的研究工具，本部分统计了翻译汉语和原创汉语的词汇密度、平均句长、平均句段长和平均词长的变化情况，统计结果见表5-1。

表5-1 翻译汉语和原创汉语各参数对比

参数 ＼ 时间段	清代[2]	1915-1920	1925-1930	1935-1940	1945-1949
标准类符/型符比（译文）	/	47.25	41.8	44.95	44.26
标准类符/型符比（原创）	54	44.5	45.9	46.2	46.6
平均句长（译文）	/	18.8	14.90	17	19.76
平均句长（原创）	16.03	16.87	16.26	16.47	16.29
平均句段长（译文）	/	5.83	6.22	6.53	6.88
平均句段长（原创）	5.40	5.97	6.1	6.02	5.96
平均词长[1]（译文）	/	1.37	1.38	1.42	1.42
平均词长（原创）	1.31	1.42	1.36	1.35	1.38

5.2.1 词汇密度

词汇密度是反映文本信息量、文本用词多样性和词汇丰富度的一个重要指标。语料库语言学常用的考察词汇密度的参数是类符/型符比。一般说来，语料库规模越大，类符/型符比越小。如果原创汉语和翻译汉语库容相同，类符/型符比值越大的语料库，文本的词汇密度越高，文本用词越丰富。但本书研究中语料分布在不同时间段，综合使用了不同类型的语料库，库容很难达到一致。为了尽量避免因文本长度差异造成的影响，本书根据Scott（2004）的计算方法采用了标准类符/型符比的概念。翻译汉语和原创

---

[1] 本章节的内容部分发表在《中国翻译》，见赵秋荣、王克非，英译汉翻译语言的阶段性特点——基于历时类比语料库的考察，《中国翻译》，2013（3）：15-19。

[2] 本书参考语料库的作品大多成书于18、19世纪，部分文学作品的具体完稿年代无从考证，本书统称清代语料。

汉语的标准类符/型符比的历时变化具体见表5-1和图5-1。

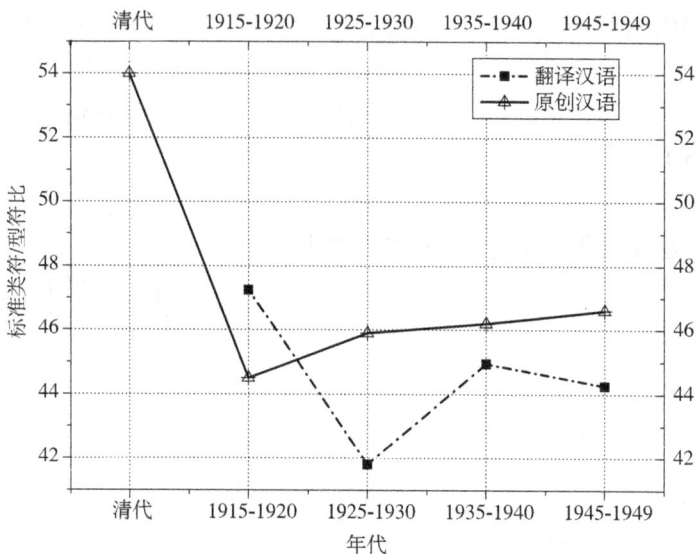

图5-1　翻译汉语和原创汉语的标准类符/型符比

　　总体上看，1910到1949年间原创汉语的类符/型符比缓慢上升，表明原创汉语不断地、缓慢地增加了新词汇；翻译汉语的类符/型符比有小幅增长，表明翻译汉语语言特点不稳定，处于变化中。翻译汉语类符/型符比在第一阶段高于原创汉语，在第二、第三、第四阶段都低于原创汉语，第二阶段类符/型符比值为41.8，达到低谷。总起来说，翻译汉语类符/型符比低于原创汉语，翻译语言词汇密度低，译文存在简化或显化现象（第一阶段除外）。部分证实了Laviosa（1998）、肖忠华、戴光荣（2010）的发现。

　　第一阶段，翻译汉语的类符/型符比高于原创汉语，表明这段时期翻译汉语的用词更丰富。考察这段时期的历史后发现："五四"前后许多知识

---

[1] 平均词长通过计算词长类符数在总类符中所占的比例获得。英语中的平均词长是判定文本词汇难度的主要指标之一。平均词长的变化可以说明现代汉语白话文发展过程中复音词增加、平均词长增长。本书第六章中，词汇、句法和语篇的个例分析等选取的标准都与词汇密度、平均句长和平均句段长等文体特征有关，与平均词长关系不大。因此，本书没有深入分析平均词长。

分子大力提倡欧化，借助翻译改造现代汉语白话文，此时翻译处于整个文学系统的中心位置（Zohar 1990），现代汉语白话文借翻译引进了原创汉语中没有的词汇和许多新的语言形式，因此，翻译汉语的词汇密度较高，与王克非、秦洪武（2009）的发现"汉语翻译文本的类符／型符比高于汉语原创，用词丰富度较高"较为一致。深入分析这段时期的语料后发现，翻译汉语不仅引进了许多新词汇，还使用了以前出现频率较低的表达法。如插入语"泛言之""约言之""由此言之""易词言之""且自其反面言之""公平言之"等，这些词汇兼有英语源语与汉语文言文特点，使用频率较以前有增长趋势。"在他们看来""据他说"等用法也较以往出现频率增多。这些语言现象与王力（1980：471）的观察较为一致，即"'五四'后在翻译影响下，出现了新式插语法。"

参照语料库的类符／型符比最高，达到54。仔细观察、分析参照语料库后发现：参照语料库的标准类符型符比较高与词汇用法和汉语分词系统有一定关系，如：

例（5）公子便去打点写手本、拜帖职名，以及拜见老师的赞见、门包、封套。（选自RC）

例（6）却说两人席犹未终，只见一个听事的门斗，慌慌张张，跑到席前说道："大老爷传出：朝廷喜诏，今晚住在封丘，明日早晨齐集黄河岸上接诏哩。"东宿道："这就不敢终席，各人打量明日五更接诏罢。"起身而别，乔龄也不敢再留。（选自RC）

参照语料多取自汉语旧白话作品。词汇上，旧白话多用单字且用词古雅，与现代汉语白话文差异较大。为了保证所有语料分词标注一致，参照语料库也采用ICTCLAS2008分词系统。自动标注后，进行了人工校对。但此分词系统以现代汉语白话文为基础，旧白话的分词结果难免与现代汉语白话文的分词结果有差异。因此，参照语料库的标准类符／型符比较高[1]与

---

[1] 参照语料库分词、标注的具体情况，见4.4.3。

分词体系及特殊阶段的用词有很大关系，还不能仅就此一个参数得出这个
阶段词汇密度高、用词丰富的结论。

5.2.2 平均句长

　　平均句长是翻译语言与原创语言文体特征差异的重要考察参数之一。
Laviosa（1998）发现：受显化影响，翻译英语的平均句长通常较原创英语
长。王克非、秦洪武（2009）发现：文学文本中翻译汉语的平均句长仅比
原创汉语高0.35个词。肖忠华、戴光荣（2010）的研究表明：因文体不同，
平均句长差异较大。这启发我们：翻译语言的平均句长或许因语言对不同
存在差异。带着这些问题我们考察了翻译汉语和原创汉语的平均句长，结
果如下所示（图5-2）：

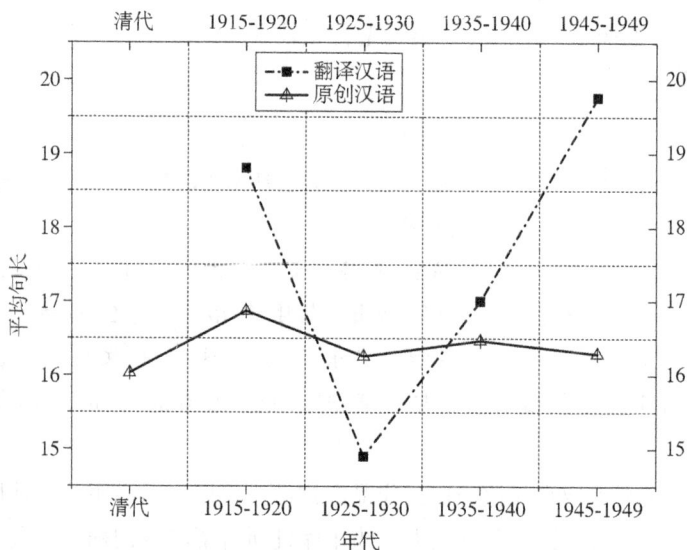

图5-2　各阶段平均句长比较

　　总体上，翻译汉语和原创汉语的平均句长都有明显增长趋势，翻译汉
语增长趋势更明显，但第二阶段1925-1930年翻译汉语的平均句长低于原
创汉语。一方面，与语料选择可能有一定关系；另一方面，与现代汉语白

话文的发展及特殊时期的语言思潮也有一定关系。"五四运动"后的十多年里，现代汉语白话文吸收了一些欧化表达，甚至出现一些刻意模仿英语源语和翻译汉语句式的语言现象，有的甚至明显偏离中国原有语言传统，如句子长度变长。与第一阶段大力提倡欧化不同，第二阶段开始反思欧化中出现的问题，语言上的过度欧化引发翻译思想上的争论，如1930年前后鲁迅和梁实秋关于翻译的争论，鲁迅和瞿秋白通信讨论翻译语言与欧化限度。但统计却表明：第二阶段不仅翻译汉语的平均句长降低，原创汉语的平均句长也有小幅降低。喜爱短句、重视诵读韵律是汉语的典型特征。现代汉语白话文欧化后句子长度增加，但句子长度若超过人们接受程度，语言需重新调整。这种调整是翻译汉语、现代汉语白话文以及汉语旧白话之间适应和融合的过程，这种调整也不能超出现代汉语白话文自身发展的规律以及人们的接受程度。

句子长度与现代汉语白话文逐渐向严密化、精密化方向发展有很大关系。王力（1943/1985：346-347）在《中国现代语法》中写道："句子的延长是欧化文的一个重要的标志。译文句子明显增长；现代汉语中复音词增加，也致使平均句长增长了一倍；再多用次品句子形式，自然更长了。"但本书研究发现：原创汉语和翻译汉语的平均句长都有增长趋势，现代汉语白话文每个阶段都有较长句子，但这种较长句子与翻译汉语中的长句仍然有差别。凭借阅读习惯我们能识别哪些是翻译语言的长句子，哪些是现代汉语白话文的长句子。如：

例（7）然而据县长说，军队都出发剿匪去了——因为这一带山里土匪甚多，又有一种民众为抗丁抗捐而组织的带子会，也闹得非常凶，自然也在被剿之列——县长身边只剩了护兵，没有军队可派了，于是他们就在这里停着，一点事情也不作。（选自DCC）

例（8）月儿湾——又是一个好名字，还有黄龙滩、花果园……我忘记我是在流亡，忘记是为我们的敌人追赶出来的，我竟是一个旅行者的心情了，我愿意去访问这些荒山里的村落，我愿意知道每一个地方的建立，兴旺，贫困与衰亡，我愿意知道每一个地名的来源，我

猜想那都藏着一个很美的故事……但这样的念头，也只是转瞬即逝的事情罢了。（选自DCC）

例（9）这个县城里只有一个小学校，这个小学校就在城里的城隍庙里，破屋烂墙，也无力修葺，从他们那里就连一句歌声也听不到，他们很久没有人教唱歌了，当然更没有风琴，我几乎想去给他们教唱歌，然而我已经不能唱了，我的声音坏了，可是我却常常到那个小学校去，我仿佛在那里看见我过去的生活，我愿意改善他们的一切，然而不成，没有钱，他们都很苦。（选自DCC）

上述例句都取自现代汉语白话文发展的不同阶段，都属于较长的句子。原创汉语的一些句子长度甚至超过了翻译汉语。仔细阅读后会发现，这些句子虽然很长，却不难理解。现代汉语白话文中的长句使用过多，可能与汉语缺乏标点规范有关。有些作者习惯使用逗号，而且有"一逗到底"的习惯。现代汉语里中短句居多，最佳词组或句子长度一般在4到12个字之间。书面语虽然也用长句，字数较多，结构较复杂，但多用标点或虚词把句子分割开。不用标点符号，一气呵成的长句在汉语是不正常的（连淑能 2010：93）。根据句意，例（7）、例（8）和例（9）都可以添加标点符号，将一句改为多句，从而更符合现代汉语白话文的习惯。

接着，我们考察了翻译汉语中的长句子。如例（10）是不同年代三位译者的译文。

例（10）Mere messages in the earthly order of events had lately come to the English Crown and People, from a congress of British subjects in America: which, strange to relate, have proved more important to the human race than any communications yet received through any of the chickens of the Cock-lane brood.（选自BPC）

译文1：最近有几种人间事故的消息是从侨居美国的英国臣民的议院中，传入了英皇与英帝国百姓的耳鼓，说也奇怪，这种消息，比了人类中的任何俗务交往，不论是那些信仰而惑于可克兰妖诬的人们，都认为这消息更属重要啊。（张由纪1938年译）

译文2：最近又有尘世间的微细的消息，由侨居美洲的英国子民所组织的议会传到英国国都国王和人民这边来说也奇怪，这些消息后来竟表明对于人类是比考克街的任何一窠小难所传达的任何"天机"还要重要。（许天虹1947年译）

译文3：只有一个尘世消息从美洲的不列颠臣民的代表大会传达到了英国国王和人民：说也奇怪，这些消息对于人类已经证明是更为重要的，比之公鸡巷所孵出的任何小鸡还在接到的任何启示。（罗稷南1947译）

例（10）的三种译本都比例（7）、（8）和（9）短，但理解起来更困难。可以说句子难度增加与句子长度没有直接关系。翻译汉语句子长度增加，部分表现为句段较长和名词中心语前层层修饰（定语较长），我们的假设是翻译汉语的多层修饰关系可能是造成翻译汉语难理解的重要原因。我们接着考察了翻译汉语和原创汉语的平均句段长。

5.2.3　平均句段长

现代汉语的句子有的较长，尤其是流水句。这些句子的标点符号没有严格限制，使用比较随意。语言学家（吕叔湘、朱德熙2005；连淑能2010：93）发现：长句的表现是句号用的太少，逗号用的太多；很多地方应该或可以断句，而作者却用逗号隔开。汉语句子多是散句、松句、紧缩句、省略句、流水句和并列句，以中短句居多，75%的汉语语句由两个或更多的句段组成（Chen 1994）。黄鸿森（1997）转引《新民晚报》中一段话，这段话共有270个字，用了25个逗号和6个顿号。按照平均句长的计算标准可以得出这句话的长度为270个字。因此，无论从语言学家的观察出发还是从语言实践者的视角出发，区别翻译汉语和原创汉语的语言特征差异不能仅凭借句长、平均句长，平均句段长更应该作为甄别翻译汉语和原创汉语语言特征差异的参数。

句段可以是句法上的完整小句，也可以是短语结构，主要以逗号、句号、冒号、分号、叹号和问号为切分标记。句段是衡量句子流利程度和地道程度的标准之一，以句段为停顿标记更符合现代汉语阅读习惯。本书参照Chen（1994）和秦洪武（2010）的方法，计算出翻译汉语和原创汉语的平均句段长，结果如图5-3所示。

从5-3发现，原创汉语和翻译汉语的平均句段长总体上呈增长趋势。翻译汉语的平均句段长远远大于原创汉语，从一个层面可以较好地解释翻译语言存在翻译味的原因。"五四"前后翻译作品大量涌现，这一阶段翻译语言是汉语旧白话、文言和现代汉语白话文的"杂合体"。现代汉语白话文发展初期，用什么样的语言进行翻译一直是学者争论的焦点。

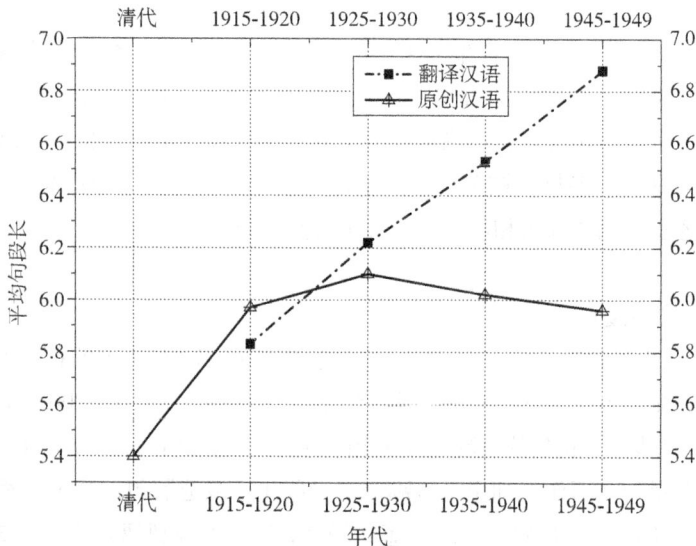

图 5-3　各阶段平均句段长分布

第一阶段原创汉语的平均句段长略高于翻译汉语，原因可能是原创汉语过多模仿了翻译汉语的表达，造成句段长增加。第二、三、四阶段原创汉语平均句段长略微下降，翻译汉语的平均句段长却持续增加，且远远高于汉语原创。译文中20个词块以上的句段数量很多：

例（11）A vivid flash of lightning made the two round sternposts facing him glimmer like a pair of cruel and phosphorescent eyes.

一阵活跃的电光使对着他的两个船尾圆窗闪烁的就如同一双残忍的发出磷光的眼睛似的。（选自 BPC）

例（12）... but as it was not the tyrannic influence of youth on youth, it had not shaken his determination of never settling till he could purchase Randalls ...

……但因为并不是青年人对于青年人的那种专断的影响所以并不会动摇了他非买到软得尔斯不安家的决心……（选自 BPC）

例（13）因为这样才可表示我是并不以为在大报的副刊上发表过一篇小说是怎样的有名誉。（选自 DCC）

从语序上看，例（11）中翻译汉语完全模仿了英语源语的表达。例（12）同样模仿了英语语序，还将英语源语中的两句话整合为汉语的一句话。此外，英语源语"determination"的修饰词在后置定语的位置上，而英译汉中却将后置修饰语前置到汉语左扩展结构中，增加了定语长度，译文"翻译味"也随之增加。例（13）中原创汉语的平均句段长与翻译汉语的平均句段长相当，可能是第一阶段原创汉语过度模仿了翻译汉语的表达。仔细观察翻译汉语长句段的特点后，发现翻译汉语句段长度增加与译者处理源语中的分词、介词短语或从句有关，尤其是英汉翻译中存在较大差异的语言点处理上，如将英语右扩展的定语结构翻译为汉语左扩展结构。连词、介词、介词短语和"的"字结构等也增加了翻译汉语的句段长度及翻译腔。

对比平均句长和平均句段长后发现平均句段长更能解释翻译汉语和原创汉语的差异，能追踪到翻译汉语中翻译味的来源，应成为探究翻译语言与创作语言差异、识别翻译味的重要考察指标之一。

5.3　小结

本章介绍了语料库翻译研究中的常见工具，识别翻译汉语与原创汉语语言特征的考察参数，如词汇密度、平均句长、平均句段长等。对比了平均句长与平均句段长后本书提出平均句段长更有助于识别翻译汉语翻译味。

基于历时复合语料库，综合类比语料库、双语平行语料库和参照语料库，本章从词汇密度、平均句长和平均句段长入手，考察了翻译汉语和原创汉语的语言文体特征。总体上，现代汉语白话文词汇密度增加，平均句长和平均句段长增长。受社会语境影响，不同阶段存在较大差异。1915-1920年和1925-1930年是相对特殊阶段。第一阶段翻译汉语的类符/型符比高于原创汉语；第一阶段翻译汉语的平均句长比原创汉语长；翻译汉语的平均句段长呈上升趋势，总体上比原创汉语长，但第一阶段则比原创汉语短。这些特征说明了翻译是社会活动的载体，翻译引起的目标语言变化与社会语境密切相关。这些特点在词汇、句法和语篇上都有表现，具体表现将在第六章详细探讨。

第六章　翻译对现代汉语白话文发展变化的影响：基于语言层面的微观考察

　　语言变化研究通常从微观个案研究入手，如研究某一种或某一类语言现象的变化及其变化规律。但当微观变异达到一定量变时，亦能体现它的理论价值。

　　现代汉语白话文借助翻译引入新的表达法，旨在促进现代汉语白话文向表达更精密、更明确的方向发展。本章从词汇、句法和语篇视角选取典型案例，探究现代汉语白话文的历时变化以及翻译的作用。基于此原则，所选案例皆基于能够体现现代汉语白话文向明确化和精密化方向发展的典型个案。词汇上，观察数量词欧化，以"一个"为例；句法上，以定语结构中"一个＋的＋名词"的定语结构为例；语篇上，以话语重述标记为例。

6.1 数量词的欧化[1]

　　上古汉语中表示事物数量，最常用的方法是不加单位词，数词直接和名词连用（王力 1980：272-283），如"一言以蔽之"。现代汉语白话文发展过程中单位词发生了很大变化，有些单位词的应用范围扩大了，有些缩小了，有些甚至转移了。范围扩大的单位词中典型的是"个"。"个"最先用

---

[1] 本章节的内容部分发表在《外文研究》，见赵秋荣，翻译与现代汉语中数量词的使用：基于历时语料库的分析，《外文研究》，2014（4）：95-101.

来指"竹子"，后来发展到泛指事物数量。中古以后，数词和单位词通常放在名词前面，单位词如果是"一"，常省去不用。如"奴才再也不敢撒一个字的谎"（《红楼梦》）。"二姐是个实心人，便认她是个好人"（《红楼梦》）。前一句中的"一个"表示数量，不能省略；后一句中"一"的数量意义不突出，可以省略。

"五四"后"一个"的频率明显增加，王力认为是受英语中冠词的影响。"'五四'后用'一个'对译英语中的'a''an'，非常方便，久而久之，我们自己写的文章，也喜欢用'一个'了"（王力 1980：537）。西语中不定冠词高频出现，可数名词前面都需要带不定冠词：英语中"a""an"，法语中"un""une"，德语中"einer""eine"和"ein"等高频出现，英汉、英法和英德翻译中多采用"一个"或"一种"顺译，致使翻译汉语中"一个""一种"使用频率升高。"一个"的大量使用与印欧语中的冠词有密切关系，现代汉语白话文甚至有量词"个化"的倾向（刁晏斌 2006b：163）。思果（2001b：89-90）将"一个"归类于恶性欧化，且所有恶性欧化中以"一个"最为可恶。翻译汉语和欧化的现代汉语白话文中许多"一个"本不需要，只用量词或只用数词就能表达此含义，如"他立马又有一主意。"与上文例中"二姐是个实心人"非常类似。一例只用了数词，一例只用了量词。无论单独使用数词还是单独使用量词都是汉语旧白话的常用表达法。上两句话如使用欧化的现代汉语白话文，则会数词与量词同时出现，变为"他立马有一个主意""二姐是一个实心人"，这些表达法促使"一个"高频出现。

现代汉语白话文模仿外语"不定冠词+名词"的形式，"一个/种+量词+名词"的使用频率逐渐增多，以"一个+名词"更为明显。"一个+名词"使用频率增加后，"量词+名词"如"个+名词"的使用频率反而有减少趋势。

汉语模仿了英语可数名词前加"a/an"的用法，不仅"一个+可数名词"的出现频率增高，还出现了其他新表达形式，如"一个+抽象名词""一个+动词"和"一个+形容词"的表达法。这些用法有一定欧化意味，但与汉语原有表达"量词+名词"的形式仍然非常相似。这种表达法不仅没有被排斥，扩展的新用法反而更容易被接受。"一个"虽是汉语原有表达法，但起冠词作用的"一个"却是传统汉语[1]没有的。"五四"后"一个"的用法扩展了很多，本来不用的地方也开始使用"一个"。"一个+名词"的用例虽然增多，但没有完全代替"个+名词"的形式，"一个+名词"与"个+名词"这两种表达方式较长时间内将共同存在。

　　翻译汉语中"一个"的使用频率是否更高？翻译汉语和原创汉语中"一个"是如何变化的？"一个"模仿了英语中的哪些结构？"一个"的使用频率短时间内增多的原因是什么？借助历时复合语料库我们将详细地分析这些问题。

6.1.1　汉语原有结构与欧化结构的竞争与共存

　　量词是汉语的一种特殊名词，既可以做度量衡单位又可以做天然单位。度量衡单位如"尺""寸"等是所有语言共有的，而天然单位如"个""种"等却是汉藏语言特有的（王力 1980：234）。英语与汉语的名词有较大差异。英语名词不需表明词类，但必须标明"数"。也就是英语需要标明"有定"或"无定"，不需要标明量词；而汉语则相反，不需要标明"有定"或"无定"，但必须标明量词。因此，英语单数名词的典型形式为："a/an+名词"；汉语旧白话单数名词的典型形式为"量词+名词"。"五四"前后在翻译影响下，"一+量词+名词"的表达逐渐增多起来。"一个+名词"的使用频率高，增长快，翻译作品中尤为突出。

　　例（14）It is a truth universally acknowledged, that a single man in possession of a good fortune must be in want of a wife.（选自 BPC）

　　译文1：一个单身汉，有丰富财产，必需要个妻子，这是一般人承认的道理。

　　译文2：这是普遍的真理，一个有钱的单身汉，一定想要位太太。

　　例（15）A perfect misanthropist's heaven: and Mr Heathcliff and I are such a suitable pair to divide the desolation between us. A capital fellow!（选自 BPC）

---

[1] 传统汉语：本书提到的传统汉语指未受欧化影响的汉语。

译文1：这是<u>一个愤世派的天堂</u>：我同希司克力夫两个人分任寂寞是很相合的，<u>顶好的一个人</u>！

译文2：真是<u>一个十足的厌世者的天堂</u>：而希兹克利夫先生和我又是如此合适的<u>一对</u>，分享<u>这一片荒凉景物</u>。很够寻味的<u>一位人物</u>！

例（16）这十三妹本是<u>个玲珑剔透的人</u>，他那聪明正合张金凤针锋相对。（选自RC）

例（17）魏翩仞是聪明不过的<u>人</u>，到眼便知分晓。（选自RC）

例（18）有<u>一个十四五岁的大姐</u>，嘴里不知咕嗜些什么，从里面直跑出大门来，一头撞到朴斋怀里。（选自RC）

例（14）中的"truth"、"man"和"wife"是单数，前面的不定冠词"a"不能省略。汉语译文分别翻译为："道理/真理""一个单身汉"和"个/位妻子/太太"。"一+量词"没有全部与名词同现。例（15）中的"heaven""pair"和"fellow"与不定冠词"a"连用，翻译中分别对译为"一个天堂""一对""一个人/一位人物"，译文2还增加了"一片荒凉景物"等。翻译汉语中数量词有明显多用的倾向。例（16）（17）和（18）选自参照语料库。按照汉语原有习惯，单位词前面的数量词"一"常常省略，如例（16）。例（17）只出现了名词中心语，量词也省略了。若着重表示数量，传统汉语中多保留数量词"一"，如例（18）中"有一个十四五岁的大姐"，如果改为"有个十四五岁的大姐……"与原文意思稍有差别。

与"一个"可搭配的词类很多，其中"一个+名词"的使用频率最高。本书首先依次提取各时间段含"一个"的句子，剔除句子中包含"一个"但不是"一个+名词"的情况，如例19和例20。然后考察了"一个+名词"在原创汉语和翻译汉语中的频率变化（见图6-1），如：

例（19）这个小山谷整个为三兄弟所有，他们的名字<u>一个</u>叫施华兹，<u>一个</u>叫汉斯和另<u>一个</u>叫克乐格。（选自DCC）

例（20）所有的祝火全都微弱了，除了<u>一个</u>，而这<u>一个</u>离他们最近，它跟所有别的祝火比起来，就好像是众星闪烁里一轮明月。（选自DCC）

图6-1　"一个＋名词"的提取

　　总结分析"一个＋名词"在翻译汉语和原创汉语中的频率变化，见表6-1和图6-2所示。

　　表6-1和图6-2发现：总体上，翻译汉语和原创汉语中"一个＋名词"的频率依次升高。除第一阶段外，翻译汉语"一个＋名词"在其他三个阶段的出现频率均高于原创汉语。对数似然比值表明每个阶段的频率皆为显著性差异。除第一阶段外，其他三个阶段属于多用或超用。第一阶段，翻译汉语中"一个＋名词"的使用频率低于原创汉语，用什么样的语言形式对应翻译英语中的不定冠词，还处在"实验"或摸索阶段。现代汉语白话文发展初期，大多数译者的文言功底深厚，可能更倾向于使用汉语原有表达法。

表6-1 "一个＋名词"的使用频率（每万字的使用频率）

时间段 文本	清代	1915-1920	1925-1930	1935-1940	1945-1949
翻译汉语	/	7.85	55.6	59.02	75.85
原创汉语	28.22	27.78	37.72	37.27	52.88
显著性差异	/	64.18	50.59	128.58	73.15
	/	-***	+***	+***	+***

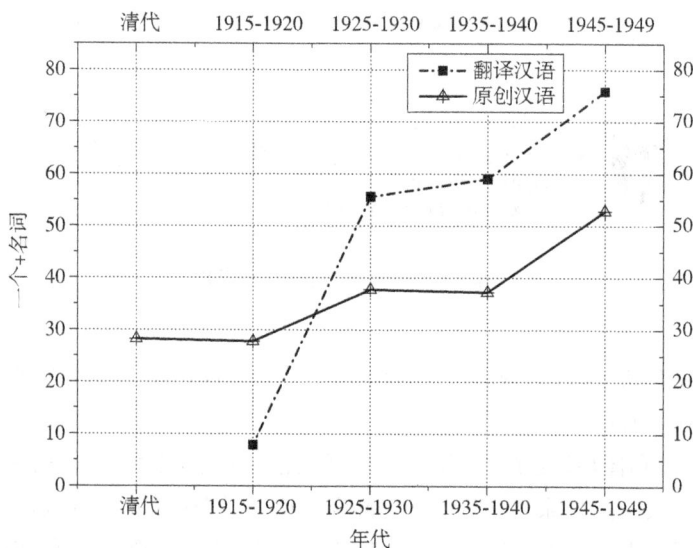

图6-2 "一个＋名词"的使用频率

翻译汉语中"一个＋名词"的出现频率依次升高。原创汉语中"一个＋名词"的使用频率分别为每万字27.78次、37.72次、37.27次和52.88次。第四阶段频率最高。无论翻译汉语还是原创汉语，"一个＋名词"的使用频率都逐渐升高。可以说，这种表达方式短时间内使用频率升高、扩散、接受并形成规范。

原创汉语"一个＋名词"的频率也呈上升趋势，但仍然比翻译汉语低。受翻译过程中直译影响，翻译汉语中"一个＋名词"高频出现，有时一个句子连续出现多个"一个＋名词"的情况，如：

例（21）在她的右旁却只有一个人，是一个像用功的书生，正全神贯注在一张新闻纸上。（选自 DCC）

参考语料库中"一个"的使用频率为28.22；第一阶段原创汉语中"一个＋名词"的使用频率与参照语料库相差不大，此后呈上升趋势。原创汉语第四阶段"一个＋名词"的使用频率是参考语料的1.87倍，翻译汉语"一个＋名词"的使用频率是参照语料的2.69倍。

汉语旧白话更多使用"个＋名词"的形式，只有强调数量时才倾向添加数量词"一"。"个＋名词"的使用频率在各个语料库中的分布如何？"一个＋名词"使用频率的升高是否会取代"个＋名词"呢？带着这些问题我们考察了"个＋名词"在翻译汉语和原创汉语中的使用情况。

"个＋名词"在翻译汉语和原创汉语中的频率变化，见表6-2：

表6-2　"个＋名词"的使用频率（每万词的使用频率）

文本＼时间段	清代	1915-1920	1925-1930	1935-1940	1945-1949
翻译汉语		3.18	8.36	15.42	3.15
原创汉语	40.96	6.01	10.39	13.84	16.1
显著性差异		4.90	3.07	2.22	178.2
		-*	-	+	-***

总体上"个＋名词"的使用频率呈增长趋势。与"一个＋名词"的使用频率相比，"个＋名词"增长缓慢。此外，前三阶段翻译汉语和原创汉语中"个＋名词"的使用频率差别不大，第四个阶段有显著性差别：翻译汉语"个＋名词"在第四阶段使用频率低，而原创汉语中的使用频率仍然呈上升趋势。

四个阶段翻译汉语中"个＋名词"的使用频率总体不高，最高为每万字15.42，第四阶段使用频率最低。而"一个＋名词"的最低频率为每万字7.85次，最高为每万字75.85次。翻译汉语中"一个＋名词"的使用频率分别是"个＋名词"使用频率的2.47倍、6.65倍、3.83倍和24.08倍。

"个＋名词"属于汉语原有用法，原创汉语中"个＋名词"在四个阶段的使用频率分别为6.01、10.39、13.84和16.1，呈缓慢增长趋势，第四阶段达到最高。参考语料库中的使用频率较高，达到每万字40.96。

"量词＋名词"将名词和数词结合起来，单位词前面数词如果是"一"往往省略。如"方要做好事，又似乎有个做不好事底心"（朱子语类辑略卷二）（王力1980：282）。

古汉语量词的基本功能是修饰可数名词，名词和单位词共现不要求前后一致，且没有"数"的语法概念。如果"一个＋名词"中的名词是单数，数词"一"经常省略，翻译汉语和原创汉语中，"个＋名词"和"一个＋名词"两种表达方式同时存在，但参考语料库中"个＋名词"仍是主要表达方式。

　　例（22）其先他的父亲原也是个三四品的官，因性情迂拙，不会要钱，所以做了二十年实缺，回家仍是卖了袍褂做的盘川。（选自RC）
　　例（23）宁公是个道学之人，听了此言，也就无可说了。（选自RC）

"一个＋名词"也是汉语原有表达法，在传统汉语表达中仍占一定比例，但与"个＋名词"相比使用频率要低得多。

　　例（24）好容易盼得他大的也不爱、暗的也不要了，却又打了一个固位结主、名利兼收、不须伸手自然缠腰的算盘，依然逃不出一个"贪"字。（选自RC）

若按照翻译汉语或欧化后的现代汉语汉语白话文的表达，例（22）可以改为"其先他的父亲原也是一个三四品的官"；例（23）可以改为"宁公是一个道学之人"。但这种表达是欧化现代汉语的表达法。思果（2001b：91）曾将《红楼梦》第三十一回开头的一段到"他想的也有道理"（约600字），改写成目前常用的现代汉语白话文文体，多加了十八个"一个"或"一种"。而David Hawkes的译本却只用了十一个"a"。可见，不定冠词在英语中虽然使用频繁，但欧化的现代汉语白话文中数量词的使用频率甚至比英语更高。

　　"五四"后翻译汉语中"一个＋名词"的使用频率升高，翻译汉语模仿了英语源语"冠词＋名词"的表达，而原创汉语又模仿了翻译汉语中"一个＋名词"的用法，使用频率逐渐升高。"一个＋名词"与"个＋名词"将长期共同存在，是现代汉语白话文表达数量的主要方法。受英语源语影响，翻译汉语更偏爱使用"一个＋名词"的形式。原创汉语中"一个＋名词"的使用频率升高，表明原创汉语已接受了"一个＋名词"的表达法。

　　"一个"除了与名词搭配使用频率升高外，还扩展出一些其他表达法。

6.1.2 "一个"用法的扩展

　　中古以后，单位词前面的数词如果是"一"常常不用（王力1943/1985：241）。"一个"自然是汉语所有的，但"五四"后"一个"的用途扩大了，本来不用"一个"的地方也用上了（王力1943/1985：263）。按照王力的说法，我们考察了语料库中"个"和"一个"的搭配。参考语料库中"个＋名词"和"一个＋名词"中的"名词"多为可数名词；"五四"后与"一个"搭配的名词的范围扩大。"一个＋抽象名词""一个＋形容词"和"一个＋动词"的表达逐渐增多，具体使用频率见表6-3。

表6-3　"一个"扩展形式的使用频率（百分比）

时间段	翻译汉语					原创汉语				
	可数名词	抽象名词	形容词	动词	其他	可数名词	抽象名词	形容词	动词	其他
1915-1920	83.8	5.4	10.8	0	0	69.6	20.6	6.7	0.5	2.6
1925-1930	80.4	15.2	3.5	0.9	0	83.1	10.9	3.1	1.3	1.6
1935-1940	79.8	14.6	3.9	0.7	1	84	11	2.8	2.2	0
1945-1949	78.7	16.2	4.5	0.4	0.2	77.9	16.6	3.3	1	1.2

6.1.2.1 "一个+可数名词"

　　无论翻译汉语还是原创汉语，均出现与"一个"共现频率增加的趋势，其中"一个+可数名词"仍是主要表达方法。

　　例（25）自从他和姑娘认了母女之后，在船上那几天，安太太早把这事告诉了他个激底澄清，难道把他极爱的<u>一个干女儿</u>给他最疼的<u>一个外甥儿</u>，他还有甚么不愿意的不成？（选自 RC）

　　例（26）旁边却站着<u>一个方巾裥衫、十字披红、金花插帽、满脸酸文、一嘴尖团字儿的一个人</u>。（选自 RC）

　　英语中的名词分为可数名词和不可数名词。无论可数名词还是不可数名词，翻译过程中都对译为"一个+名词"。原创汉语模仿了翻译汉语的表达，"一个+可数名词"的使用频率增加。例（25）和例（26）取自参考语料库，这种实例在参考语料库中较少，但从一个侧面说明"一个"的用法是汉语原创语言原有表达，翻译汉语激活了旧有用法。

　　例（27）I was born in the Year 1632, in the City of York, of <u>a good Family</u>, tho' not of that Country, my Father being <u>a Foreigner</u> of Bremen, who settled first at Hull: He got <u>a good Estate</u> by Merchandise, and leaving off his Trade, lived afterward at York, from whence he had married my Mother, Relations were named Robinson, <u>a very good Family</u> at Country, and from whom I was called Robinson Keutznaer.（选自 BPC）

　　译文1：我以一六三二年出生于约克城的<u>一个良善的家庭</u>里。我并不是本地人，因为我父亲原是德国布莱门地方的<u>一个外国人</u>。他来到英国后，起初住在赫尔城，<u>以商起家</u>，后来收了生意，便搬到约克城住下，在那里娶了我母亲。我母亲娘家姓鲁滨孙，是本地的<u>一个良善的家庭</u>。因了她的缘故，我遂被名为鲁滨孙·克鲁兹拿。（徐霞村1937年译《鲁滨孙漂流记》）

　　译文2：我于一六三二年生在约克城里的<u>一个很好的人家</u>，虽然我们并不是本地人，我的父亲是<u>一个外国人</u>，<u>一个不来梅人</u>，叫做克勒翠老，从前是住在赫尔的。他靠做生意挣得了<u>一份很好的家产</u>，后来他才把生意放开不做，到约克来居住了；在约克，他才和我的母亲结了婚，我的母亲家叫做鲁滨逊，是当地<u>一个很体面的人家</u>，我就跟着我的母亲家称呼了，这就是说，我就叫做鲁滨逊·克勒翠老了。（汪原放 1947 年译《鲁滨逊漂流记》）

例（27）英语源语中的"good family""Foreigner""good Estate"和"very good Family"等前面都有不定冠词"a"，句中的"a/an"标识了名词的功能，体现了数词的作用。翻译汉语采用直译翻译源语的名词。徐译分别译为"一个体面人家""一个外国人""一份家财"和"一个很体面的人家"。汪译为"一个很好的人家""一个外国人""一份很好的家产"和"一个很体面的人家"，并加译"一个不来梅人"。译文中高频使用"一个＋名词"，大量阅读翻译作品后，可能会模仿其中表达，从而影响到原创汉语的表达。

　　　　例（28）她卧在我曾经住过两个月的病室的床上，只靠着<u>一个冰枕</u>，胸前放着<u>一个小冰囊</u>，伸出两只手来，在那里唱歌。（选自 DCC）

例（28）出自汉语原创，可以看出"一个"的频繁出现，存在模仿翻译汉语表达的痕迹，但这是那个时代的语言特点。"一个＋名词"在汉语旧白话中使用频率不高，但这种表达方式是存在的。翻译大量涌入后，"一个＋名词"高频出现，对这种表达方式人们不陌生，语感上有亲近感。可以说，翻译作为一种特殊的语言接触形式促进了"一个＋名词"的高频出现。

6.1.2.2 "一个＋抽象名词"

英语中存在大量名词，这些名词既有普通名词，也有动词或形容词改变词尾后派生出的抽象名词。抽象名词属于不可数名词，不确指。汉语旧白话中抽象名词一般不用"一个"或"个"修饰，常用的修饰量词有"一种""一丝""一份""一点"等，"一种"的使用频率相对更高。但"五四"后，"一个"与抽象名词共现的频率逐渐增加，尤其是 1915-1920 年间，"一个+抽象"名词的使用频率高达20.6%。"一个"与抽象名词共现带有明显的翻译味，属于非常规搭配或新搭配。

参照语料库中也存在"一个"修饰抽象名词的现象，但使用频率非常低。

例（29）现成的戏酒，就请你们老弟兄们在此开怀痛饮，你我作一个不打不成相遇的交情，好不好？（选自RC）

原创汉语中也有类似表达，如：

例（30）假说女子就是一个恶鬼的化身，但那也不要紧。（选自DCC）
例（31）她是一个得意的神气。（选自DCC）

原创汉语更倾向于使用"一种"修饰抽象名词。与"一个"相比，"一种"更符合汉语表达习惯。如：

例（32）她老是在一种荒唐的幻想上驰骋，却从没有把自己生活放在一种具体的梦想上面，也没有把梦想放在一种现实的熟人身上。（选自DCC）

"一个+名词"中的"名词"如果为可数名词，使用"一个"符合汉语语言习惯；若名词为不可数名词，"一个"就不符合原生汉语的表达。"一个"与不可数名词连用时，往往带有较浓的欧化意味和翻译味。因此，原创汉语往往倾向使用"一种"或"一丝"与不可数名词搭配。

英语中的抽象名词多是不可数名词且没有复数形式，如吸引力"appeal""attraction""tempatation"，毅力"perseverance"等；还有少数词既可做动词，又可做名词，如"love""challenge"等。不同译者处理抽象名词时差异也较大。如：

例（33）So exactly was the expression repeated (though in stronger characters) on her fair young face, that it looked as though it had passed like a moving light, from him to her.（选自 BPC）

译文1：很真实的情感，重复地表演着（虽在更为激烈的状态中），在她芳容之上，那真像<u>一个流动的光线</u>从他的身上，流注坐着她的身上。（张由纪1938年译《双城记》）

译文2：这种表情是这样确实地重複显现在她底姣好的脸上（虽然情形更强烈），以至她好像<u>一道流光</u>似的从他传达到她似的。（罗稷南1947年译《双城记》）

译文3：同样的神色也出现于她那美好的年青的脸上（虽然更其强烈一些，）好像是<u>一支移动的光线</u>从他那里传到了她这边似的。（许天虹1947年译《双城记》）

抽象名词一般无界，用"a/an"修饰后被赋予主观边界，如"light"。不同年代的译者遣词用句差别较大。1938年张译本中，"一个光线"带有浓厚的翻译味，1947年罗译本和许译本中，分别用"一道"和"一支"对译"a"，更符合原创汉语的表达。词汇的具体运用与译者个人风格有一定关系，但也从侧面反映了语言的时代特点。译者可能认识到"一个"修饰抽象名词有欧化意味，遣词造句中尽量避免使用"一个"与抽象名词搭配。使用"一个"修饰不可数名词的情况在旧白话中出现的频率较低，但在翻译汉语中的出现率较高。但"一个+抽象名词"作为创新的编码形式逐渐出现在原创汉语中，且使用频率逐渐升高。

6.1.2.3 "一个+动词/形容词"

除非修辞或语用上需要，原创汉语中"一个"较少与动词或形容词搭配。参考语料中"一个+动词/形容词"的出现频率非常低，仅有几例。如：

例（34）所以我也颇有聪明，并无家业，只靠寻<u>一个畅快</u>。（选自 RC）

例（35）却说慧娘在楼内听着，气了一个身软骨碎。（选自RC）

参考语料库中，"一个畅快""一个身软骨碎"等表达方法主要体现修辞上的需要，使用频率不高。原创汉语中"一个+动词/形容词"的使用频率相对较高，1915-1920年第一阶段中"一个+形容词/动词"占"一个"全部使用频率的7.2%。

例（36）好在他们喝酒的时候，不是上座之际，楼上无人，让寿峰谈了一个痛快，话谈完了，他那一张脸直像家里供的关神一样了。（选自DCC）

例（37）姑娘，给我一个完全罢！（选自DCC）

翻译汉语中"一个+动词/形容词"的出现频率高于原创汉语，且呈增长趋势。1915-1920年第一阶段"一个+动词/形容词"的使用频率占"一个"总频率的10.8%。如：

例（38）He attends her debut as Agnese in Paer's opera of that title and writes a complete description of the important function to Titus, who is at his country seat where Chopin visits him betimes.（选自BPC）

她初次出台表演拍的歌剧亚格尼斯时，他还到了场，并且关于这个重要的环节，作了一个完全描写，寄给他的朋友提屠斯。

例（39）We see George Sand, in sheer exuberance of health and animal spirits, wandering out into the storm, while Chopin stays at home, to have an attack of "nerves", to give vent to his anxiety.（选自BRC）

我们看见桑氏极强壮极高兴的飘向暴风雨中去，而萧邦呢，则居留在家中去给他神经一个刺激，借一个序乐曲子来发泄而已。

英语中动词、形容词可以通过添加词缀转化为名词。形式改变后，词性和用法也发生相应变化。汉语也有兼类现象，如"决定""证明"等既可做名词又可做动词，但这种类型的词语只占很小一部分。此外，汉语无词形变化、词性变化与意义相关。可以说"他很聪明"。也可以说，"这件事需要智慧。""聪明"和"智慧"表达了同样的意思，但词性不同，在句中充当的成分也不同。如果形容词或动词做中心语，只有添加了量词"一个"或"一种"后中心语才能充当名词。翻译汉语中"一个+动词/形容词"的使用频率较高，可能与翻译过程中译者没有进行词性转换或直接模仿了英语源语的表达有关。英汉翻译过程中的词性转换增加了"一个+动词/形容词"的使用频率。"一个挑战""一个结束""一个谈话"等原创汉语中出现的"一个+动词"的表达形式，非常容易找到它们对应的英语源语，如"a challenge""a completeness"和"a talk"。高强度语言接触下翻译激活了汉语"一个"的搭配，生成创新的语言形式"一个+形容词/动词"，原创汉语又模仿了翻译汉语中"一个+形容词/动词"的表述，促使这种表达频率升高。

6.1.3　数量词欧化的译源考察

翻译汉语中"一个+中心语"的使用频率升高，这种结构是否全部来源于英语"a/an/the+名词"的情况？本书考察了"一个+中心语"的译源结构。

（1）来源于a/an+名词

"一个+名词"的主要译源结构是"a/an+名词"。英语中"a/an"与汉语数量概念"一"相对应，最容易顺译为"一个+名词"。

例（40）While enjoying a month of fine weather at the sea coast, I was thrown into the company of a most fascinating creature: a real goddess in my eyes, as long as she took no notice of me.（选自BPC）

译文1：当我在海边享受一个月的好天气时候，我遇着一个顶能迷人的女子：只要她不理会我，我以为她是一个真的仙女。

译文2：我正在海岸享受整整一个月的良好天气的时候，我认识了顶有魔力的一个人：在她没理会我以前，她在我眼里简直是一个真的女神。

英语源语中"a month""a creature"和"a goddness"是可数名词，汉语译文采取顺译法分别对译为："一个月""一个女子／人""一个仙女／一个女神"。

例（41）Pure, bracing ventilation they must have up there at all times, indeed; one may guess the power of the north wind blowing over the edge, by the excessive slant of a few stunted firs at the end of the house; and by a range of gaunt thorns all stretching their limbs one way, as if craving alms of the sun.（选自BPC）

译文：屋的尽头处几棵发育不全的枞树之过度倾斜，以及一排茁壮的荆棘之向着一个方向伸展四肢，好像是向太阳乞讨，这都能使我们猜想到吹过篱笆的北风的威力。

英语源语中"one"的数量作用弱化，与"a/an"非常相似。上句中"one way"，相当于"a way"，译为"一个方向"。

（2）来源于指示词＋名词

例（42）This new interest was a valucd novelty in whistling, which he had just acquired from a negro, and he was suffering to practise it undisturbed.（选自BPC）

译文：这一个新鲜主意就是他新近从一个黑人那里学得的吹唇这一个珍奇玩意儿；他不怕困难的要吹得顺畅。

原文中的"interest"是抽象名词。"this new interest"翻译为"一个新鲜主意"，增加了"一个"的使用频率。

（3）来源于some/any

例（43）Being the third Son of the Family, and not bred to any Trade, my Head began to be fill'd very early with rambling Thoughts.（选自BPC）

译文：我在家庭里是老三，并不曾学过<u>一个行当</u>，从小的时候，我的脑子里只想着要求遨游四海。

"any Trade" 译为 "一个行当"，增加了 "一个" 的使用频率。

（4）来源于动词

例（44）It may serve, let us hope, to <u>symbolise</u> some sweet moral blossom that may be found along the track, or relieve the darkening close of a tale of human frailty and sorrow.（选自 BPC）

译文1：我们希望它可以替这故事中也许沿途会发现的那种美丽的道德的花做<u>一个象征</u>，或者替这关于人类脆弱或悲哀的故事的阴暗的结束做一种调剂。（傅东华 1937 年译《红字》）

译文2：我们盼望它能为这篇故事中所出现的美丽的道德作<u>一个象征</u>，或者是能替一般柔弱和悲哀的人们在那凄淡的结束上作一种调养剂。（杨启瑞 1942 年译《红字》）

动词被翻译为 "一个" 的情况较少，但本句中 "symbolize" 在 1937 年的傅译本和 1942 年的杨译本中都被翻译为 "一个象征"，译者可能将 "symbolize" 名词化为 "symbol" 后再进行翻译。

（5）来源于其他词

例（45）I expected <u>every Wave</u> would have swallowed us up, and that every time the Ship fell down, as I thought, in the Trough or Hollow of the Sea, we should never rise more.（选自 BPC）

译文：我觉得<u>每一个浪花</u>都仿佛要把我们吞下去；我们的船每次降落到浪涡里的时候，我都以为它是浮不起来了。

"every wave" 被译为 "每一个浪花"，而不是 "每个浪花"，与 "一个" 相关的这种搭配使用频率增多，无形中也增加了译文中 "一个＋名词" 的使用频率。

"一个 + 名词"除了上面提到的译源结构外，可能还有其他译源。但无论来源于哪种结构，译文的这种译法都增加了"一个 + 名词"的使用频率。现代汉语白话文吸收了翻译汉语中"一个 + 名词"的结构，拓宽了汉语旧白话"一个 + 名词"的表达方式。"一个 + 名词"表达法中数量词的意义虽已弱化，但语感却增强了。有时更突出、强调数量词的作用，如"建设一个新社区"与"建设新社区"的含义不完全一样。

可能出于感情色彩或修辞原因，亦或是译者风格或译者对原作态度的差异等原因，翻译过程中译者选词择句的差异较大。如修饰"人"时，量词既可用"个"，也可用"位"，多数情况下二者可以通用，但也有细微差别："个"既可表达正面意义也可表达负面意义，而"位"更强调表达正面意义。汉语旧白话表达尊敬时更倾向使用"位"。

例（46）The apartment and furniture would have been nothing extraordinary as belonging to a homely, northern farmer, with a stubborn countenance, and stalwart limbs set out to advantage in knee breeches and gaiters.（选自 BPC）

译文 1：这房屋和家具都可算不稀奇，假若这主人是一位质朴的北方的农人，有顽强的面貌，和穿起短裤绑腿而显着满漂亮的粗壮的腿。

译文 2：一个老实北方农人的房子和家具就是这样，农人的古板脸，和强壮的手脚，穿了短裤和鞋套是很相称的。

译文中"a homely, northern farmer"的不同译法体现了译者对主人公的不同态度。译文 1 中译者对主人公的修饰带有褒义的感情色彩，从修饰语上可见一斑。如"农人"前的修饰语为"一位质朴的"，后面的修饰语为"顽强的""漂亮的"等这些修饰都带有褒义色彩。而译文 2 修饰农人为"一个老实的北方农人""古板脸"等。译者对主人公的态度是中立的，甚至是消极的。

此外，"一个 + 名词"存在过多使用或超用现象，翻译汉语中超用现象更明显。

例（47）一个狭窄的平原上三个村落的管领者；他是地球上一个不足重轻的立脚地的主人翁——那是一个用武力获得的地方，形像就如新月似的，位于群山和大海之间，一向是无人过问的。一个没有记忆，没有追悔，没有希望的地方；在那里，只要黑夜一到，一切就从此罢休，在那里，每一次日出好像是上天的一种辉煌耀目的特别创造，与昨天和明天都不相连属。（选自RC）

例（47）中的"一个"大多可以省略。综合以上考察发现："一个＋名词"并非只来自英语的"a/an＋名词"，源语中"指示词＋名词""some/any＋名词"或"动词"等也可以翻译成"一个＋名词"，众多译源结构共同促进了"一个＋名词"的高频出现。译者模仿了英语源语的表达，原创汉语又模仿了翻译汉语的表达，最终造成"一个＋名词"频率升高，出现过多使用的倾向。

6.1.4　数量词欧化机制的探讨

数量词"一个"的欧化主要体现在："一个＋名词"的使用频率增加、使用范围扩展和词汇组合能力增强，又衍生出"一个＋抽象名词""一个＋形容词/动词"等表达方式，这些都与翻译直接相关，是原创汉语混合复制翻译汉语和英语源语的表现。

从形式上看，"一个＋名词"全部复制了翻译汉语和英语源语的表达，"一个＋抽象名词""一个＋形容词/动词"则选择复制了翻译汉语和英语源语的用法，这种复制具有一定创新性。

汉语旧白话中"一个＋名词"虽已存在，但在不强调数量的条件下，数词经常省略。欧化的现代汉语表达中，"一个＋名词"以英语源语为摹本，无需增加新的词汇单位，翻译汉语和原创汉语容易接受这种表达。再加上高频出现，更容易被读者接受。与"一个＋名词"这种基本形式相比，"一个＋抽象名词""一个＋形容词/动词"的翻译味重，与汉语旧白话有一定距离，但这种表达没有完全脱离汉语原有表达形式的框架，也符合人们追求新奇用法的心理。

"个"是个体量词中的特殊量词，它的使用范围有较大扩展，不仅可以与抽象名词搭配，还可以与动词或形容词搭配，大多数个体名词都可以用"个"表示。可以说，现代汉语白话文有量词"个化"的倾向（刁晏斌2006b：160-163）。吕叔湘、朱德熙（2005）也发现量词"个"可广泛连接事物，直接造成了数量短语"一个"连接名词的广泛使用。数量短语"一个"的使用范围非常广泛，"一个"可连接个体名词、集体名词、抽象名词，甚至可以连接专有名词。几乎可以用在所有类别的名词前面，大大拓宽了"一个"的使用范围。

"一个"的使用及频率升高对现代汉语白话文的发展有一定促进作用。因为它能凭借造句的力量使动词、形容词在句子中的职务（如担当主语或宾语）更加明确（如：一个后悔又兜头扑上他的全心灵）；很长的修饰语前面加上"一个"后有助于帮助读者或听话人预先感觉到后面跟着的是一个名词性成分（如：给我一个难堪的恶毒的冷嘲），因此，"一个"的使用大大增加了语言的明确性（王力 1980：465）。"一个"使用频率的增加扩展了传统汉语"一个＋名词"的表达法，符合翻译触发语言发展变化过程中模仿、复制和扩展的模式，也是编码复制框架中的混合复制在语言接触中的一个实例。

可见，翻译汉语和原创汉语中"一个"使用频率升高，使现代汉语白话文表达更明确，更符合现代汉语白话文的发展规律，也是现代汉语白话文逐步走向精密化和明确化的表现之一。其中，翻译发挥了重要作用。

6.2 定语封闭结构的欧化[1]

欧化句法满足了现代汉语白话文表达复杂思想的需要，重要表现之一是复杂修饰成分增多，名词前的定语增长尤为明显。欧化的长定语的表现一般是定语长度增加，容量扩展（北京师范学院 1959；王力1943/1985：346-352，1954/1984，1980：553；谢耀基 1990：84）。传统汉语或旧白话习惯用简洁的短句，注重朗读时的节拍，即使有长定语，也不会太复杂。"五四"后长定语往往把几句话或几个句子表达的内容糅合于一个定语中，使句子结构更加紧凑。结果是句子长度增加，容量扩展。

---

[1] 本章节的内容部分发表在《外语教学理论与实践》，见赵秋荣、王克非（2020）（1），从定语长度扩增看翻译与现代汉语白话文的发展[J]，《外语教学理论与实践》：74-79。

现代汉语白话文定语长度增加、容量扩展，结构更严谨，推理更缜密，这些变化对于论证、提高语言和表达逻辑性等都有一定帮助，而且也符合人们思维发展的要求。但定语增长有一定限度，过度冗长、拗口，以及违反人们认知规律的长定语不容易被受众接受，势必会被淘汰。

定语结构经历了何种历时变化？哪些结构造成了现代汉语白话文定语结构增长、容量扩展？现代汉语能够模仿和复制什么样的定语结构？什么样的定语结构不容易被读者接受？由于缺乏合适的方法，这些问题的探讨大多停留在主观印象式评价阶段。历时复合语料库的建设将为解答上述问题提供方法论的支持。

从《马氏文通》（1898）问世以来，汉语语法研究一直沿着模仿西洋语法的路径展开。《马氏文通》虽然没有直接使用"定语"这一术语，但已显现出其定语观。黎锦熙（1998）在《新著国语文法》中提出句子"附加的成分"这一名称，而"形容词的附加语"相当于现在的定语。吕叔湘、朱德熙的《语法修辞讲话》（2005：18）同样把充当"定语"的成分称为"附加语"。其中"名词的附加语"包括"名词、代词、形容词、动词、动宾短语和句子形式"。"附加语"的提出是句子成分研究的一个突破，表明可以在"附加"层面找到相应的句子成分。后来，张志公在《汉语语法常识》（1953）中提出了"修饰语"的定义，"一个词的前头加上一点东西来修饰，叫作修饰语。""修饰语"更侧重句法功能。后来，在"全国中学一致采用的语法教学系统"中以"定语"代替"附加语"和"修饰语"，并定义为"修饰或者限制名词的成分叫定语"。这个定义一直沿用至今。本章中的定语采用上述定义，主要指名词中心语前的修饰或限制成分。

英语中定语可以放在名词中心语的前面，也可以放在名词中心语的后面。如果是较短的形容词，多放在名词中心语的前面；如果修饰成分是关系代词、分词短语或介词短语等长定语，则需要放在名词中心语的后面。汉语缺乏后置手段，一般倾向于左扩展。名词中心语前有时带"的"的显性语法标记。"五四"前后的"底"与"的"的用法接近，特别是表领属关系时用法更接近。本章以"一个……的＋名词中心语"中的定语为例（包括名词中心语前含"的"或"底"的情况），探索翻译汉语和原创汉语定语长度和定语结构容量的变化趋势。

6.2.1 定语长度

"一个……的+名词中心语"是封闭结构。一般而言，"名词中心语"前不能无限制加入长定语结构。本书首先统计了翻译汉语和原创汉语中"一个……的+名词中心语"中定语平均长度的变化。结果如表6-4和图6-3所示：

从表6-4和图6-3，可以发现翻译汉语和原创汉语中定语平均长度的差异与发展趋势。

表6-4　翻译汉语和原创汉语的平均定语长度比较

文本 ＼ 时间段	清代	1915-1920	1925-1930	1935-1940	1945-1949
翻译汉语	/	5.85	7.56	7.85	7.75
原创汉语	6.78	6.58	6.97	7.28	7.29

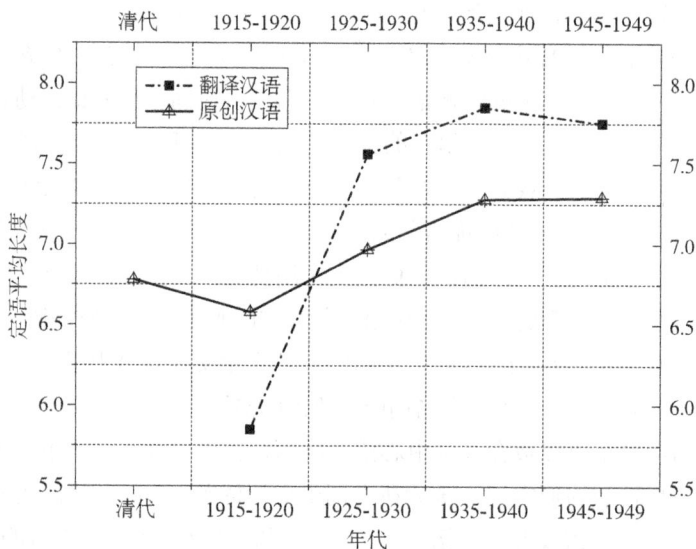

图6-3　翻译汉语和原创汉语定语平均长度比较

总体上，翻译汉语和原创汉语的定语平均长度呈增长趋势，尤其是翻译汉语的定语平均长度增长趋势更凸显。第一阶段，翻译汉语的定语平均长度为5.85，第二、第三阶段为7.56和7.85，第四阶段略微回落，为7.75。

原创汉语中参照语料的定语平均长度为 6.78，其后呈上升趋势，四个阶段分别为 6.58、6.97、7.28 和 7.29。

参照语料中定语平均长度较长是有原因的。首先，参照语料中"一个+……+的＋名词中心语"的总体使用频率不高，且长定语前多是并列成分。参照语料中原创汉语定语平均长度虽然较长，但与翻译汉语和欧化的现代汉语白话文中的长定语有一定差别。如：

例（48）<u>一个戴淳白顶儿蓝翎儿、生得凹抠眼、蒜头鼻子、白脸黄须、像个回子模样的</u>番子先。（选自 RC）

例（48）中，名词中心语"番子先"前的定语长达 30 个字，但中间用"、"断开，这种结构不同于翻译汉语或欧化的长定语，平均句段长较短，相对较容易理解。

原创汉语中"一个……的＋名词中心语"总体使用频率很高。"的"前面是短定语结构的使用频率也很高，如"一个活的俘虏"等。第一阶段翻译汉语的定语平均长度低于原创汉语也是有原因的。这一阶段开始关注忠实翻译，但以"译述"为主的翻译仍然占相当数量，甚至是主导地位。这段时期译者的文言功底大多比较深厚，作品有欧化痕迹，但因语言功底深厚，欧化程度相对较浅。或者说，译者脑海中文言文的影响已根深蒂固，他们无法摆脱文言文的影响；另一方面，受源语和目标语欧化双重影响，译者翻译过程中面临多种选择，译者摇摆不定是选择欧化的表达方式还是规范化的表达方式。但翻译汉语中使用欧化长定语的现象非常普遍。

翻译汉语和原创汉语的长定语对比如下：

例（49）<u>一个悬在墙上的，悬在摇动的明烛间的，悬在叛献的花圈之间的，仿佛流着鲜血的大基督像。</u>（选自 DCC）

例（50）<u>一个全然没有音程观念，没有手指技巧，没有拍子观念，又没有乐谱知识，而冒昧地入这研究会，冤枉地站在这里练习的人。</u>（选自 DCC）

例（49）出自翻译汉语：每个小句后面都有一个表示定语结构的"的"，如"悬在墙上的""悬在摇动的明烛间的""悬在皈献的花圈之间的""仿佛流着鲜血的"。此句中每个定语修饰成分都是小句，都可单独抽出，独立成句。带有这样修饰成分的句子难度明显增加。例（50）也存在类似情况。名词中心语"人"前面的长定语成分较多，"全然没有音程观念""没有手指技巧""没有拍子观念""又没有乐谱知识""而冒昧地入这研究会""冤枉地站在这里练习的"，定语前的修饰成分不仅长，且这些表达也可独立成句，一定程度上增加了句子难度。与参照语料库中的长句相比，翻译汉语中长句的结构难度大大增加。长度增加，结构复杂化都是导致句子难度增加的标志。

王力（1943/1985：478）明确指出了参照语料中长定语与翻译汉语中的长定语的差别。

> "晚清时，虽然也有长句子，但与"五四"后欧化文章相比，前者的长句还相对比较少。英语的句子原本比汉语长，翻译作品时，自然而然会运用长句。同时，为了学习西方缜密的思想，长句的运用也是自然。因此，句子的延长也是欧化文章的一种现象。句子的延长，主要是多用句子形式和谓语形式构成次品或末品。其中欧化的次品主要用来修饰次品句子形式和次品的谓语形式，平常口语中是不这么说的。一切的修饰次品都放在其所修饰的首品的前面，因此，如果修饰次品很长，句子形式也就跟着长了。"

基于语料库的研究结果与王力的上述观察基本一致。现代汉语白话文定语长度逐渐增长，一方面是语言发展变化的必然规律；另一方面，与欧化也有一定关系。说到底，是受翻译的影响。定语长度增长、结构扩展，符合人们表达缜密思想的要求，也是现代汉语白话文向明确化、精密化发展的表现之一。

6.2.2　定语封闭结构的扩展

汉语是左分支、左扩展（left-branching）结构，就"一个+……的+名词中心语"中的定语而言，名词中心语前的定语究竟多长才合适？理论上讲，定语有多少项数没有限制。现代汉语白话文中名词中心语前的定语结构属于封闭结构不能无限扩展，因此，名词中心语前不能插入长定语与复杂定语结构。英语则与之不同，英语是右分支、右扩展（right-branching）结构，可以通过定语从句、关系代词、分词短语或介词短语等语法手段将修饰性成分置于被修饰词的后面。因此，英语学习与翻译实践中，首先需要重视核心结构，然后关注修饰成分。而现代汉语定中结构往往先出现修饰成分，而后出现中心语结构。现代汉语白话文的特点决定了作为修饰语的定语长度和定语复杂度有一定限制；同时，汉语"一个……+的+名词中心语"中的定语结构属于封闭型结构，名词前面可添加的修饰词语数量有限。如果名词中心语前定语过长，常用"的"字结构连接，出现"的""的"不休现象。而"的的不休"的长定语容易增加阅读障碍。余光中（1996）曾统计过不同语料中"的"的出现频率，《儒林外史》123个字中没有使用"的"字结构；《红楼梦》中平均28字出现一次"的"；钱钟书的作品平均25字出现一次"的"；而何其芳的作品中平均7.7个字出现一次"的"。现代汉语白话文中"的"的出现频率更高。可见，名词中心语前"的的不休"现象是定语长度增加、容量扩展的主要原因之一。

　　人脑有短时记忆的特点，如果名词前定语过长，会增加阅读、理解和记忆难度，不符合人们的认知规律。Quirk et al.（1985：1338）指出，"句子中并列的前置修饰语有几个，理论上没有限制，但超过3个或4个的现象并不多见。"语言学家的经验与心理学的实验研究不谋而合。心理语言学表明：人脑短时记忆的容量非常有限（Miller 1956）。短时记忆的容量一般为7 ± 2个单元，也就是5-9个组块（chunk）之间。Cowan（2001：87-185）的研究证明：人脑短时工作记忆的容量为4个板块或短语，并称之为"神奇的数字4"。陆丙甫、蔡振光（2009）的研究发现："七"左右代表了大脑处理语言时能容纳的离散块数量的最大限度，而"四"是敏感点。超过"四"的信息负载量时，人脑倾向于将其缩减到这个幅度之内。王大伟（2007）的实证研究告诉我们：如果结构比较简单，前置结构可轻松容纳3至4个成分。但如果结构比较复杂，前置结构往往只能容纳1到2个定语成分。可见，名词中心语前定语长度到底多长不应一概而论，因为除了长度外还与定语复杂度有一定关系，但超过"7+2"个组块的前置定量结构非常少。语料库统计中发现了这样一些句子：

例（51）<u>一个人能够记得'忠孝'两个字</u>，还有什么说的呢。（选自RC）

例（52）<u>一个海或是一座山的纯洁的崇高，一个完全与人性相适应的地方</u>——既不可怕，又不可恨，也不丑陋；既不平淡，又不乏味，也不熟腻。（选自RC）

如果按照欧化的现代汉语白话文的写法，例（51）可能要改成"一个能够记得'忠孝'两个字的人，还有什么说的呢。"例（52）会改为："一个海或是一座山的纯洁的崇高，一个完全与人性相适应的既不可怕，又不可恨，也不丑陋；既不平淡，又不乏味，也不熟腻的地方。"与例（51）相比，例（52）包含多个短语结构，更长、更复杂。修改后的句子定语长度增长、容量扩展，增加了阅读、理解和记忆难度，不符合现代汉语本身的语言规律和人们的认知机制。因此，适当修改句子中的长定语或将其重新调整置于名词后，一定程度上有助于读者更好地理解句意，减轻记忆负担，而欧化的现代汉语白话文中较少使用这种结构。

原创汉语中定语长度增长，容量扩增，这些变化或发展必须符合现代汉语本身的规律和人们认知限制，超出人们记忆范围的过长定语或非常规的表达方式可能只能流行一时，不会最终进入现代汉语。

6.2.3 定语扩增的译源结构考察

句子长度增加、修饰成分增多和容量扩增是定语欧化的一个重要标志。王力（1943/1985：352）指出："句子增长是因为句子前面有长修饰品。而长修饰品是西文的特色，句子增长主要是模仿了西方语言。"语料库的数据显示：现代汉语白话文定语增长，那这种增长受西方语言（主要是英语）的哪些影响？借助双语平行语料库，我们考察了"一个……+的+名词中心语"中定语结构的译源形式。

（1）前置定语修饰

英语的定语修饰语可以放在名词前面也可以放在名词后面。如果定语较短，如单个形容词做定语，通常位于名词中心语的前面，译文大多按照语序顺译。

例（53）Perhaps even <u>a blind country gentleman</u> was preferable to <u>a lachrymose pianist</u>.（选自BPC）

或者，<u>一个失明的乡间绅士</u>，比<u>一个流泪的钢琴家</u>还令人可爱一点。

例（54）We picture his father, from the few letters of his which have been preserved, as <u>a hard-working and deeply religious man</u>, a firm adherent to <u>the small and far from influential company of Christian folks</u> the Sandemanians to which his forebears had belonged, and of which Michael himself afterwards became an active and earnest member.

据保存下来的他的几封信札推察起去，可以想见他的父亲是<u>一个很勤苦而又热心宗教的人</u>，属于<u>一个很小而又没有势力的教派</u>，即是桑提曼派。他的祖先就属于这一派，后来迈克尔本身也成为这一派中的活动分子。

例（53）英语源语中，"gentleman" 前的修饰语 "a blind county" 较短，译文采用顺译法，"绅士" 前用 "一个失明的乡间" 修饰；英语 "pianist" 用 "a lachrymose" 修饰，汉语也顺译为 "一个流泪的钢琴家"。例（54）中 "man" 前面的修饰语是 "a hard-working and deeply religious"，"company" 前的修饰语是 "the small and far from influential"。这些修饰成分不复杂，汉语译文分别顺译为："一个很辛苦而又热心宗教的人""一个很小而又没有势力的教派"。修饰语如果较短、结构简单、又不会造成阅读困难时，英语源语习惯将其放在名词中心语前面。翻译过程中按语序顺译，将定语置于名词中心语之前，符合汉语左扩展的习惯。

（2）后置定语

英语中若使用长定语或复杂短语（如介词短语、分词、不定式或定语从句），修饰名词中心语，它们多遵循右扩展的规则，置于名词中心语的后面。

例（55）If Flaubert, or better still, Pierre Loti, could have known Chopin so intimately we should possess a memoir in which every vibration of emotion would be recorded, every shade noted, <u>and all pinned with the precise adjective, the phrase exquisite.</u>（选自 BPC）

如果是夫罗伯尔——或者是洛提就更妙了，——能认识萧邦之清楚，如像桑认识萧邦的那样亲切，那么，我们就可得到<u>一个最精密，奥妙，正确的记载</u>了！

例（56）He was not masked-there was too much life in him, and a mask is only a lifeless thing; but he presented himself essentially as an actor, <u>as a human being aggressively disguised.</u>（选自 BPC）

他并非是带着面具——他的生命太丰富了，而面具只是一种无生命的东西，不过他却显着根本好像一个演员，好像<u>一个过于假扮，到了可憎的程度的人</u>。

例（57）...the insult that it is to any man to have the banns forbidden the double insult to a <u>man unlucky enough to be cursed with sensitiveness, and blue demons, and Heaven knows what, as I am.</u>（选自 BPC）

……对于我这样<u>一个被人刻毒地，忿恨地，以及天晓得怎样诟骂的，倒霉透了的人</u>，更是双重的侮辱。

例（58）...and tomorrow of <u>a wretched pilferer who had robbed a farmer's boy of six pence.</u>（选自 BPC）

……明天，把<u>一个偷窃某农人儿子六便士的小窃</u>牺牲了。

英语源语中的修饰语位置比较灵活，可放在名词前面，或放在名词后面，或前后都有。例（55）中"记载"前的三个并列定语"精密""奥妙"和"正确"译自英语的后置介词短语"and all pinned with the precise adjective, the phrase exquisite"；例（56），"一个过于假扮，到了可憎的程度的人"译自英语的分词结构"a human being aggressively disguised"。例（57），"a man"的修饰成分"unlucky enough to be cursed with sensitiveness, and blue demons, and Heaven knows what, as I am"比较长，英语源语中放在名词中心语的后面。但翻译过程中却根据汉语的定语习惯将其移到了名词中心语的前面："一个被人刻毒地，忿恨地，以及天晓得怎样诉骂的，倒霉透了的人"，"地""的"字是定中结构中连结形容词与名词的标记，但一个句子中若出现多个"地""的"字结构，则使用致使名词中心语前的定语长度增长。例（58）"一个偷窃某农人儿子六便士的小窃"选自英语的定语从句"a wretched pilferer who had robbed a farmer's boy of six pence"。如果把修饰语分为前饰修饰语和后饰修饰语，通常情况下，译者习惯将英文的后饰修饰语译成中文的前饰修饰语。如果修饰语较长，难免产生累赘、生硬之感，而且会增加很多的"的"字。如果在不影响句意的情况下，改变句子结构，将一部分前置定语转换为后置定语，也未尝不可。如将例（58）改为："一个小窃，偷了某农人儿子六便士。"

有多层修饰成分嵌套的定语结构中，英语倾向使用后置定语。使用后置定语的好处是可以自由、灵活地添加句子成分。而翻译汉语却习惯遵循汉语结构语序，即遵循汉语左分支、左扩展结构的特点，将英语中的介词结构、分词结构或其他后置定语修饰成分前置到汉语译文中。如果前饰语较短，读者容易接受；如果前饰语较长，句子就显得累赘、不自然了，这样的句子欧化意味浓，带有较重的翻译腔。

（3）混合结构

混合结构指英语源语中名词中心语的修饰语既有前置定语也有后置定语。英汉翻译过程中的处理方法多是将前置定语和后置定语都放在名词中心语的前面。

例（59）His heir was no honor to his noble name, and did not promise to end in being anything but a selfish, wasteful, insignificant man, with no manly or noble qualities. （选自 BPC）

他的长子，不仅不能光泽这高贵的门楣，简直没有一点丈夫气，没有一点高贵的性质。完全是一个什么事也不打算，仅是自私的浪费的卑下的人。

例（60）A tall, thin old gentleman with a sharp face was sitting in an arm-chair. （选自 BPC）

他看见一个身高体瘦而有锐敏的面貌的老绅士，坐在靠椅上。

例（59）中"man"的修饰成分较多，"selfish, wasteful, insignificant"在名词中心语"man"的前面，"with no manly or noble qualities"在名词中心语的后面。译文将"man"前、后修饰语都移到"人"的前面，译为"一个什么事也不打算，仅是自私的浪费的卑下的"人；例（60）也同样，"gentleman"前有多重修饰语，"a tall, thin old"在名词中心语前面，而"with a sharp face"在名词中心语的后面。翻译汉语中将其中全部移到"绅士"的前面。英语是右分支结构，并列形容词修饰语放在名词中心语前面，而介词短语结构等放在名词中心语的后面。这样可以避免名词中心语前出现过长结构。但翻译过程中译者将英语名词中心语前后的修饰成分全部移到汉语名词中心语的前面，造成了名词中心语前结构冗长，定语容量扩增。可见，过度模仿英语的形式未充分利用英汉语言差异，是造成英汉翻译中出现大量翻译腔的原因。

此外，不同译者处理英语定语结构也有差异。有的译者将英语名词中心语前后的定语全部转换为汉语左分支结构的表达，而有的译者则适当改写长定语，减轻长定语结构的压力，结果是改写后的句子更加地道，更符合汉语表达习惯。

例（61）Had there been a Papist among the crowd of Puritans, he might have seen in this beautiful woman, so picturesque in her attire and mien, and with the infant at her bosom, an object to remind him of the image of Divine Maternity, which so many illustrious painters have vied with one another to represent...（选自 BPC）

译文1：倘使这一群清教徒当中是有一个罗马教徒在里边的话，他看见这样一个衣服和容颜两俱娇艳而怀中抱着一个婴孩的美丽女子，就不免要想起那曾有许多著名画家竞相摹绘的圣母的像来……（傅东华 1937 年译）

译文2：如果在这些清教徒的当中是有一个罗马教徒的话，他看见这样一个衣服风采而容颜绝美的妇人，怀中又抱着一个婴儿，就不免会想起那古来有许多名画家，竞相摹绘的圣母的影像来……（杨启瑞 1942 年译）

译文 3：在这些清教徒的群众之间，若是有一个天主教徒的话，会从这个怀抱着孩子的美丽的妇人中，会从她那么如画的服装与态度中，想起了圣母的形象，过去无数著名的画家互相竞争表现的画像…… （侍桁 1945 年译）

例 （61） "woman" 前后有几个修饰成分，前置定语 "this beautiful"，后 置 定 语 "so picturesque in her attire and mien, and with the infant at her bosom"。翻译过程中三位译者采用了不同的翻译方法和翻译策略。1937 年的傅译本使用了一个长定语，"一个衣服和容颜两俱娇艳而怀中抱着一个婴孩的美丽女子"。"女子"前面有四层定语，"衣服""容颜""怀中抱着一个婴孩"和"美丽"，使用"而"，虽稍微缓解了句子难度，但整个句子的欧化意味仍然较浓。1942 年的杨译本分拆定语，只将描写"妇人"衣服和容貌的表达"一个衣服风采而容颜绝美的妇人"作为定语，而"怀中又抱着一个婴儿"用作一个独立成分，成为后置定语，这样的处理方式一定程度上减少了定语长度，增加了句子可读性。1945 年的侍译本，将"怀抱着孩子的美丽的妇人"作为一个小句，将与外表相关的表达"会从她那么如画的服装与态度中"转换为一个小句，也作为后置定语，这种处理方式一定程度上也减少了定语长度。可以看出，按照英语源语语序直译，将所有修饰语放在名词中心语的前面，是造成翻译汉语定语长度增加、存在翻译味的重要原因。20 世纪前半叶，直译是时代的语言特点，是促进现代汉语吸收外来表达、丰富现代汉语的重要手段，所以译者倾向于使用左扩展结构翻译英语源语的定语。

上述例子中，汉语 "一个 +……的 + 名词中心语" 中的定语修饰语与英语 "名词中心语" 前后的修饰成分不等值。汉语的定中结构如 "一个 +……的 + 名词中心语" 是向心结构，这种结构的定语是比较复杂的定名包孕结构，修饰词有时是并列词语，有时是层层包孕的递归式结构，有时还存在多层定语修饰成分。英语中的修饰语如果是较短的并列成分，翻译过程中倾向于转换为汉语中的前置定语。英语中名词中心语前后若有多种修饰成分，如介词短语、不定式和定语从句时，如果全部将其译为汉语中的前置定语，尤其是层层嵌套的小句，可能会增加阅读和理解的困难。若将多层成分拆分为小句，无疑会减少多重前置修饰造成信息容量过大的压力。

正如王力（1943/1985：352）所言，"句子的延长，并不是说所有欧化句子都比非欧化的长，而是说大多数欧化句子比非欧化的长。句子增长的原因是因为有长的修饰品。"长修饰品是西文的特色，现代汉语模仿了翻译的表达是导致定语增长、结构扩展的最主要原因之一。长定语结构虽带有翻译腔，但符合"五四"时期希望现代汉语白话文表达精密思想的需求，对于译者而言，模仿外语语序进行英汉翻译实践，也是相对较安全和保险的做法。

6.2.4 定语封闭结构欧化机制考察

定语结构的欧化主要体现在两个方面：一是定语长度增加，二是定语容量扩展。现代汉语白话文部分模仿和复制了翻译汉语中定语的表达，属于选择复制。

现代汉语白话文定语长度增加，结构扩展，既符合现代汉语自身发展的规律，也符合时代需求。定语的功能是补充语义，促进中心语语义完整，表达缜密的思想。句法结构和语境如果不能满足听话人对中心语语义信息的需求，理论上可以通过不断增加嵌套的定语，进一步限定修饰语，增加信息容量，结果是定语长度增加、结构扩展。再者，语言递归性的特点是定语长度无限扩展的理论基础。社会语境的需求是促进现代汉语定语结构扩展的重要推动力：新文化运动促进现代汉语白话文朝着表达精密化、明确化的方向发展。也就是说，时代要求与语言自身发展的需求等多种因素促进了现代汉语白话文定语长度增加、结构扩展。

Thomason and Kaufman（1988：67）的研究发现：频繁的、强度较高的语言接触中一种语言的后置结构可能会转换成另一种语言的前置结构。现代汉语白话文的定语结构吸收翻译汉语与英语源语定语的表达方式正验证了这一观点。频繁的、高强度接触中，现代汉语白话文模仿了英语源语和翻译汉语中的定语表达，但现代汉语白话文的特点决定了英语右扩展的定语结构只能被翻译为汉语左扩展的定语结构，同时导致定语长度增长、容量扩展。从定语位置上看，现代汉语白话文模仿了翻译汉语的表达，而非英语源语的表达，说明源语的渗透是有一定限度的。

　　"现代汉语句子结构的严密化，并非单纯是西洋语法的影响。整个人类的思维都是发展的（王力 1980：482）"。现代汉语白话文自身的发展要求定语结构更严密，表达更完整，这种要求促进了定语增长，但这种增长比较缓慢。如果没有西洋语法的刺激，没有翻译汉语的激发，现代汉语白话文的定语扩展可能还需要经历几百年甚至上千年的时间，但正是翻译的催化剂作用，促使现代汉语白话文的定语结构短时间内发生了重大变化。

　　同时，英、汉语语言的不同特点和人们认知机制的限制又决定了这种扩展有一定限度。

　　连淑能（2010：94）提出："汉语句子是句首开放、句尾收缩的类型。句首开放的句子结构要求向左扩展，但扩展的长度和程度都受到一定限制，不能无限扩展。汉语没有形态变化，没有定语从句，名词前的定语也不能太长。"英汉语特点的差异从理论上限制了现代汉语的定语不能无限扩增。汉语中定语一般放在名词前面，紧贴名词，名词中心语前不能嵌入无限长的定语结构。英语具有句首封闭、句尾开放的特征，修饰语、插入语、关系词、从句等都可以不断向句尾扩散。英语定语的位置比较灵活，可放在名词的前面，也可借助形态变化、连接词或从句等手段放在名词的后面。除了英、汉语具有不同的特点外，认知限制也决定了现代汉语白话文名词前定语长度增长的限度和结构扩展的限度。认知语言学和心理语言学的发现表明：人类有短时记忆，短时间内无法记忆特别复杂的长句子。一般人的短时记忆值为 7 ± 2 个组块，如果句中含有更复杂的多音节词或短语，数量可能会更少。因此，现代汉语白话文定语前的复杂短语或定语过长，会影响人们的理解和记忆。这些都决定了现代汉语白话文定语的扩展能力是有限的。

　　吕叔湘（1942/1982：156）总结了英汉语修饰定语的差别：

　　　　汉语的定语只能放在前边，就不便很长。定语长了，听的人（或读的人）老在惦记着那个被修饰的名词，不知道你说的是什么人或什么东西，就要着急，也容易疲劳，搞得不好还会"迷路"。英语的定语从句放在后头，说的是什么人或什么东西已经在前面交代了，听得人就不着急了，因此英语里的定语从句可以拉得很长。

可见，定语增长会增加人们的阅读障碍和理解负担。但句子长度增加，限制成分增多是现代汉语白话文的发展趋势之一，也是句法严密化、精密化的重要表现。"'五四'后，汉语的句子结构，在严密性这一点上起了很大的变化。一方面，是每一个句子成分各得其所，在句中承担相应的功能和作用。另一方面，就是要求语言精练，涵义精密细致、无懈可击"（王力 1980：477）。句子结构更加紧凑是句法逐步走向严密化的重要表现，此外，人们的逻辑思维不断发展也要求句法严密化。因此，句法严密化的表现之一是定语长度增加、结构扩展，这些都可能受西洋语法和翻译汉语的影响。现代汉语白话文发展过程中，现代汉语模仿了翻译汉语中相关定语的表达。在翻译大量涌入的社会背景下，适度而缓慢的欧化是不可避免的。有的欧化结构在汉语原有结构与欧化结构之间不断交融、取长补短。现代汉语白话文中高频使用长定语结构符合现代汉语的总体发展趋势，但过度欧化、过长和过复杂的定语结构违反了汉语习惯和规约，不符合认知机制，则可能会被淘汰。

综上所述，在翻译的影响下，现代汉语白话文模仿了翻译汉语中定语结构的表达，将英语右分支结构的定语结构移到汉语左分支结构中来。导致现代汉语白话文定语长度增加、结构扩展。总体上，定语的扩展符合现代汉语白话文发展的方向以及人们要求表达缜密思想的需要。但受现代汉语语言本身特点的制约和人们认知规律的限制，定语长度和结构的扩展有一定限度。英汉语言在定语表达方式上存在很大差异，若将英语右分支的定语表达全部移到汉语左分支结构中，不仅不符合现代汉语本身的特点，还会增加读者理解、记忆的负担，也不符合人们的认知机制。语言间的复制是个不断适应、融合的过程，现代汉语复制翻译汉语定语表达也是如此。众多限制因素决定了定语结构的复制只能是选择复制。现代汉语复制翻译汉语中长定语的结构，既是可能的，又是有限的。

6.3 **话语重述标记的欧化**[1]

　　话语重述标记[2]（reformulation marker）是种语法标记，指言语交际中说话者用更简单、更具体的语言解释前面说的话，有助于帮助听话人更好地理解原文的主旨，它的显性标记有"namely""that is""in other words"等，不仅具有释义功能，还发挥着确指、概述、暗示和总结等篇章功能，以及减少歧义，实现说话人意图，促进交际顺利进行的语用功能（Blakemore 1993：107；Cuenca 2003；Del Saz Rubio 2007：16等）。话语重述标记大致可以总结为几类：解释说明型，如"即""也就是说""就是说"等；总结型，如"总之""总而言之"等。传统旧白话中"总之""总而言之""也就是说"等表达法已存在，但他们的位置和功能不固定，使用频率也较低，还不是固化的话语重述标记。随着翻译汉语中大量引入话语重述标记，使用频率日益增长，位置、用法和功能逐步固定（王力 1943/1985，1954/1984，1980；谢耀基 1990）。

　　翻译研究中的话语重述标记主要用来考察翻译语言的明晰化特征（Baker 2007；Olohan and Baker 2000；戴光荣、肖忠华 2011），从历时角度考察话语重述标记的研究相对较少。话语重述标记的高频使用有助于避免歧义，更清楚地表达说话人的意图，促进交际顺利进行。作为语篇、语用标记，话语重述标记的高频使用是现代汉语白话文发展过程中更注重逻辑表达的重要标志，也是加强语言明确性的重要手段。话语重述标记属于插入语的一种，是"五四"后在西洋语法的影响下逐步发展起来的。使用概括性话语重述标记也是现代汉语白话文逻辑思维发展在语言结构上的重要表现（王力 1980：476）。鉴于话语重述标记的重要意义，我们借助历时复合语料库考察话语重述标记在翻译汉语与原创汉语中的使用频率、语言特征、历时变化。结合英汉双语平行语料库，考察特定话语重述标记的译源

---

[1] 本章节的内容部分发表在《中国翻译》，见赵秋荣、王克非，现代汉语话语重述标记的语料库考察，《中国翻译》，2014（5）：25-29。以及 Zhao Qiurong, Wang Kefei. 2015. The influence of translation on early modern Chinese text production: A case study of reformulation marker. In Sattar Izwaini & Anna Baczkowska (Eds.). *Papers in Translation Studies*. Cambridge: Cambridge Scholars Publishing, PP132-153。

[2] 也有学者（Quirk et al. 1985：1307）称话语重述标记为"同位"（apposition）；"转述标记语"（discourse markers of reformulaiton 或 reformulators）、Del saz Rubio（2007）；"语用标记语"、冯光武（2004：24）；或"重述标记语"（陈新仁、任育新 2007：294）等。

结构。最后，以话语重述标记为例分析翻译影响现代汉语白话文发展变化的机制，以期为话语重述标记历时研究提供方法论上的支持。

6.3.1 使用频率

话语重述标记是连接语义、语用和语篇的重要纽带，目前研发的汉语标注软件还没有标注话语重述标记的功能。因此，根据前人研究，本章在文本细读的基础上，应用自主开发的文本处理工具集，将"即""总而言之"等20余个[1]话语重述标记作为关键词，提取翻译汉语和原创汉语中的话语重述标记（提取过程如图6-4所示），然后手工剔除不属于话语重述标记的句子。如：

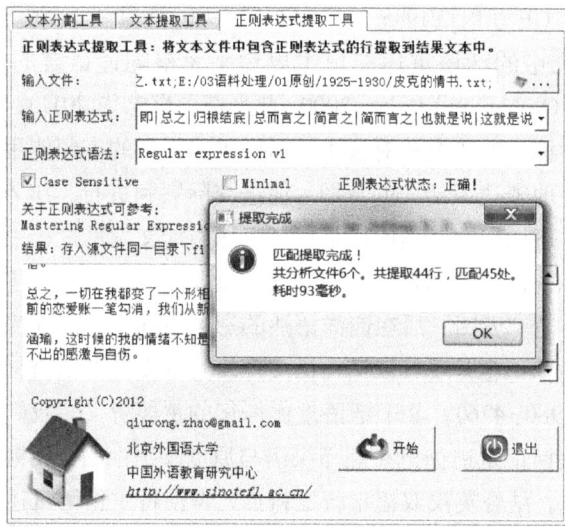

图6-4　话语重述标记提取

---

[1] 本书考察的话语重述标记主要有：即、换言之、也/这就是说、就是说、或者说、换句话说、换句话讲、这就意味着、我的意思是、更确切/准确/具体地说、总之、总而言之、归根结底、归根结蒂、一句说、简言之、简而言之、由此观之、以上所陈、由此断言等。该清单涵盖常用的话语重述标记。

例 (62)：本想<u>即</u>刻写回信，恰巧蔚然来找，露沙才勉强拭干眼泪，出来相见。(选自DCC)

例 (62) 的"即"表示"立刻"的意思，不属于释义型话语重述标记，将其去除。

翻译汉语和原创汉语话语重述标记的使用频率统计见表6-5和图6-5。

表6-5　话语重述标记频率对比（每万字中的出现频率）

文本 ＼ 时间段	清代	1915-1920	1925-1930	1935-1940	1945-1949
翻译汉语	/	26.08	1.22	3.5	3.57
原创汉语	0.76	15.61	4.06	3.41	2.35
显著性差异	/	+	+	-	-

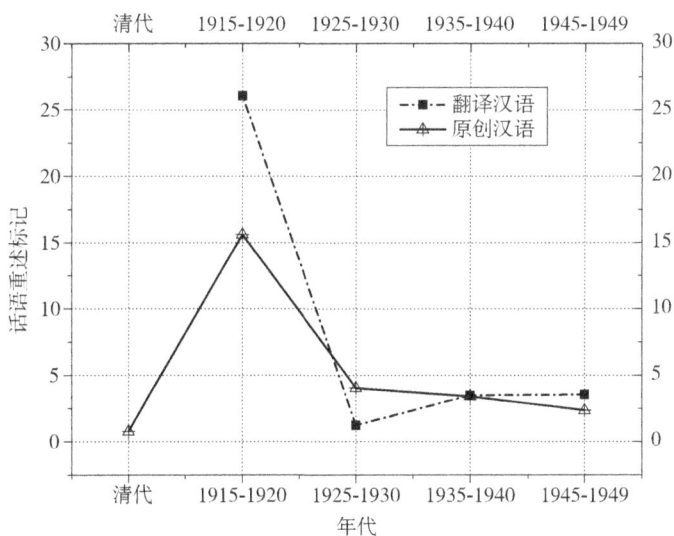

图6-5　话语重述标记使用频率对比

通过表6-5和图6-5可以发现翻译汉语和原创汉语中话语重述标记的变化趋势。翻译汉语中话语重述标记的使用频率总体高于原创汉语；其次，翻译汉语和原创汉语中话语重述标记的使用频率都有下降的趋势。从第二阶段开始变化趋势缓慢。

第一阶段，翻译汉语中话语重述标记的出现频率明显高于原创汉语，对数似然比值显示二者存在显著性差异（P<0.0001）。为了使语言表达更准确，更易于让目标语读者理解和接受，翻译汉语使用了较多话语重述标记，有时甚至出现过多使用；翻译汉语中也出现了较多新用法，如"泛言之""一言以蔽之"等。因为此时翻译承担着独特的历史使命，即"创造新的字眼，新的句法，丰富的字词和细腻的精密的正确的表现"（瞿秋白1931）。

第二阶段（即1925-1930），翻译汉语和原创汉语话语重述标记的使用频率都有所下降，但翻译汉语中话语重述标记下降的趋势更明显。对数似然比表明二者存在显著性差异（P<0.0001）。但与第一阶段不同的是，这一阶段翻译汉语中话语重述标记使用不足。1920年后，反对语体文欧化的声音一直都没有间断。尤其是1929年以后，鲁迅和梁实秋的"硬译"之争、鲁迅与瞿秋白关于翻译的通信，从不同层面讨论翻译的方法、策略以及反思"五四"以来的欧化表达。现象学界也开始反思语言上的欧化，话语重述标记作为一种新用法，其使用可能受到一定影响。

第三阶段和第四阶段，翻译汉语和原创汉语中话语重述标记的使用频率区别不大。经过对翻译方法及欧化的激烈争论，再加上社会历史语境的变化等各种因素，语言发展进入缓和期，一些表达法相对固定下来。

6.3.2 话语重述标记的分布

话语重述标记在翻译汉语和原创汉语中的分布很不均匀，具体如表6-6、表6-7所示：

表6-6、表6-7列出了翻译汉语和原创汉语中频率较高的话语重述标记的分布及所占比例。使用频率最高的五类话语重述标记占全部话语重述标记的90%左右，甚或更高。

表6-6　翻译汉语中话语重述标记的分布（百分比）

时间段　参数	即	总而言之/总之	也就是/就是说	一句话	我的意思/正是我的意思	其他
1915-1920	83.74	0.81	0	0	0	15.19(18类)
1925-1930	25	25	8.33	8.33	33.33	1（1类）
1935-1940	24.71	36.47	21	2.35	8.24	8.23（5类）
1945-1949	15.58	37.66	28.57	1.30	6.49	10.40（4类）

表6-7　原创汉语话语重述标记的分布（百分比）

时间段　参数	即	总而言之/总之	也就是/就是说	一句话	我的意思/正是我的意思	其他
1915-1920	61.47	11	8.25	0.92	0	18.36（10类）
1925-1930	48.11	22.07	13.21	1.89	3.77	10.95（2类）
1935-1940	37.23	26.59	25.53	0	2.13	8.52（5类）
1945-1949	36.11	20.19	25	2.77	5.56	10.37（3类）

　　第一阶段：翻译汉语中话语重述标记使用频率不仅高，而且用法变化多样。除了常用的五类话语重述标记外，还有18种其他表达法。这些用法古雅，文白夹杂，如"泛言之""一言以蔽之""此可断言""约言之""由此观之""由此言之"等。话语重述标记作为高频出现的语用、语篇标记，在借助翻译改造现代汉语、增强汉语表达力的思潮下，翻译汉语使用了较多话语重述标记，有过多使用的倾向。另一方面，受旧白话的规约与影响，多使用古雅表达。原创汉语中除了常用的话语重述标记外，还有10种其他表达法，但用词相对简单，语段较长，如"就更具体方面举例言之""就是进一层说""依以上简括的讨论看来，我们可以得一个结论"等。

　　第二阶段：翻译汉语中话语重述标记的使用频率低，用法较简单。翻译汉语和原创汉语中话语重述标记的使用频率较以前降低，但表达与以前差别不大，更倾向于使用简短表达法。

　　第三阶段和第四阶段：这两个阶段翻译汉语话语重述标记的使用频率略高于原创汉语；但与其他阶段相比，无论频率上还是表达上，此阶段翻译汉语和原创汉语的话语重述标记都非常接近。可以说，话语重述标记的表达基本固化为常用的几个话语重述标记。

6.3.3 特定话语重述标记的句法和分布特点

英语中话语重述标记的位置相对比较固定。如大多位于句首，用标点符号逗号"，"隔开等，总结归纳类话语重述标记更是如此。它们的特点是："点明下文是对上文归纳总结得到的结论，或表示补充、解释说明，有承上启下的作用，能使上下文更好地连接起来（黄伯荣、廖旭东2002）"。这类话语重述标记出现频率较高，位置和功能固定。本节以总结归纳类话语标记为个案分析，考察他们在英语源语、翻译汉语和原创汉语中的句法及分布特点，以期发现它们的使用规律。

表6-8　总结性话语重述标记的句法和分布特点（百分比）

参数 时间段	翻译汉语				原创汉语			
	句首 逗号	句首无 标点	句中无 标点	其他	句首逗 号/冒号	句首无 标点	句中无 标点	其他
1915-1920	100	0	0	0	64	36	0	0
1925-1930	67	33	0	0	46	46	8	0
1935-1940	87	3	0	10	69	27	4	0
1945-1950	86	7	7	0	71	29	0	0

表6-8列出了话语重述标记在翻译汉语和原创汉语中的分布情况。可以发现：无论翻译汉语还是原创汉语，它们多位于句首，以标点符号"，"隔开；这种显性在翻译汉语中更明显；在原创汉语中的句法和分布特点相对多元。

接着利用英汉双语平行语料库，本书以"总之"与"总而言之"为例，分析它们在英语源语中相对应的英语表达。如：

例（63）Somehow, Ceddie Errol had a way of making people feel comfortable. Even in the first flush of his triumphs, he remembered that the person who was beaten might not feel so gay as he did, and might like to think that he MIGHT have been the winner under different circumstances. (选自 BPC)

<u>总之</u>，徐特立克有一种方法，使得人们快活。就虽在他胜利的得意洋洋的时候，他仍然记得被他打败的人，没有他自己那么高兴。并且他会想到那个失败者，在别种情形之下，可以感到是胜利者罢。

例 (64) <u>At any rate</u>, one day he uttered a very remarkable and unexpected sentiment. (选自 BPC)

<u>总之</u>，有一天，他说出很可注意的意外的感想了。

例 (65) <u>After all</u>, do these temporary excitements matter? (选自 BPC)

<u>总之</u>，那些一瞬的兴奋有什么重要关系呢？

例 (66) <u>In fact</u> everything was a little ridiculous, or very ridiculous: certainly everything connected with authority, whether it were in the army or the government or the universities, was ridiculous to a degree. (选自 BPC)

<u>总之</u>，一切都有点可笑，或十分可笑。一切有权威的东西，无论军队、政府或大学可笑到绝点。

例 (67) "<u>At least</u> it's wonderful what you've done at your time of life," said Clifford contemplatively. (选自 BPC)

"<u>总之</u>，在你这样年纪已有这种成就。是可惊的。"克利福沉思着说。

例 (68) What had once been the richest soil in the kingdom became a shifting heap of red sand, and the brothers, unable longer to contend with the adverse skies, abandoned their valueless patrimony in despair, to seek some means of gaining a livelihood among the cities and people of the plains. (选自 BPC)

原来那一些丰肥的田地，变为轻松的沙土。<u>总之</u>，他们那里能够和不幸的天时相抗呢！于是，不得不抛弃了无用的产业，到城里去谋生。

从上述例子中可以看出：英语源语的话语重述标记多位于句首，有多种表达方式。翻译汉语模仿和复制了英语源语中话语重述标记的位置，但与英语源语中话语重述标记的标点符号有一定差异：英语源语中有的话语重述标记后有标点，有的没有。但翻译汉语中话语重述标记后大多增加了标点符号，使话语重述标记带有明显的语法标记。其次，翻译汉语中的"总之"来源于英语源语中的多种表达方式，并不是我们想象中的只有"in a word""in short"或"all in all"这种表达总结的词汇。可见，翻译过程中译者根据自己的理解与上下文语境增加了帮助读者理解的显性标记。

接着，我们考察了原创汉语的话语中重述标记。原创汉语中表示总结的话语重述标记绝大多数位于句首，后多有标点符号"，"，但也有少数情况例外。

例（69）——总而言之，中国要新小说发达，须得从头做起；目下所缺第一切要的书，就是一部讲小说是什么东西的小说神髓。（选自 DCC）

例（70）总而言之：人生在世，究竟为的甚么？（选自 DCC）

例（71）——总之，他之讨厌英国及英国人，是无可讳言的了。（选自 DCC）

原创汉语中话语重述标记后有时用逗号如例（69），有时前面用破折号如例（69），有时用冒号如例（70），翻译语料中如例（71）也发现一例，但这些表达方式没有完全固定下来。廖秋忠（1986）在《现代汉语语篇中的连接成分》中指出：现代汉语的连接成分需要考虑功能和位置的重要性。"以功能为主，位置为辅。从功能上看，连接成分用来明确表达语言片段之间在语义上的种种转承关系。从位置上说，篇章中的绝大多数连接成分位于句首，在主语之前。只有少数位于句中，在谓语之前。"话语重述标记在翻译汉语中高频出现，原创汉语模仿了翻译汉语中话语重述标记的位置和功能。正如 Steiner（2008：336）所言：频率变化和标记是语言变化的动力。语言使用者偏好模仿高频出现的、带有一定语法标记的语言结构。翻译汉语模仿了源语中的话语重述标记，原创汉语又模仿了翻译中高频出现的话语重述标记。再者，翻译汉语和原创汉语中的总结类话语重述标记逐渐固化为常用的话语重述标记，如"总而言之""总之"等。

6.3.4　总结类话语重述标记的译源考察

总结类话语重述标记的位置、功能和用法相对稳定。因此，本节仍以总结性话语重述标记为例，考察它们的译源结构。汉译英时我们习惯将大部分"总之""总而言之"译为英语的"in a word""in short"或"all in all"，这些用法是否是翻译汉语中"总之""总而言之"的主要译源呢？统计分析后我们发现：总结类话语重述标记的译源非常丰富，结果如表6-9所示：

表6-9　话语重述标记"总之""总而言之"的译源

话语重述标记	英语源语
一言以蔽之	in a word
总之	in either case/ enough/ it is certain that/ in short/ although/ however/ perhaps/ in fact/ at least/ as a matter of fact/ but, however that was/ somehow/ at any rate/ indeed/ altogether/ nevertheless/ occasionally/ in a word/ ...
总而言之	in short/ after all/ altogether/ indeed/ in a word/ upon the whole/ but all the same/ ...

从表6-9看出，话语重述标记"总之""总而言之"的译源结构非常丰富。可以说，翻译过程中译者充分考虑了上下文的语境，根据理解重新加工了源语信息，增加了帮助读者理解的话语重述标记。具体见以下例子：

例（72）They never went to Mass, grumbled perpetually at paying tithes, and were, <u>in a word</u>, of so cruel and grinding a temper as to receive from all those with whom they had any dealings the nickname of the "Black Brothers."（选自BPC）

译文1：<u>总而言之</u>，他们的脾气是那样的残忍，那样的刻薄，以致得到一个绰号，叫做"黑弟兄"，这是和他们有过交道的人起的。

译文2：<u>总之</u>，他们的性情非常恶劣，非常暴虐，他们那"恶兄弟"的绰号，就是从与他们有往来的人们的口中得来的。

"in a word"常被翻译为"总之""总而言之"，这也是词典中的常用释义。英汉翻译中自然顺译为"总而言之"或"总之"。

英语源语中"enough""it is certain that"很少被视为话语重述标记，"enough"单独使用时将其作为话语重述标语的频率不高。但翻译过程中译者译为话语重述标记"总之"或"总而言之"。

例（73）Enough, it is my purpose to live and die unknown.（选自 BPC）

译文1：总之，我的目的是要暧昧而生，暧昧而死。（傅东华1937年译）

译文2：总之，我的意旨是想生与死都不叫人晓得。（侍桁1945年译）

例（73）中的"enough"位于句首，后面以标点符号","结束，具有话语重述标记的显性位置特点，从上下文的语境看，此处也属于总结性话语标记。1937年和1945年两个译本中译者都将"enough"译为"总之"。再如，

例（74）It is certain that she had ready and fairly requited employment for as many hours as she saw fit to occupy with her needle.（选自 BPC）

译文1：总之，她是确实得到了现成的报酬很好的工作，随便她高兴做多少钟点的针线都有的了。（傅东华1937年译）

译文2：总之她是可以随心所欲随便做几点钟针线，而得到十分满意的报酬。（侍桁1945年译）

同样，结合上下文语境，译者将例（74）中"It is certain that"译为"总之"。巧合的是，1937年和1945年不同译本中译者做了相同处理，两位译者都将其译为"总之"。傅译中还带有显性标点符号","。这样的译法通过双语词典中无法获得，只能依靠译者对源语的解读将其显化为总结类话语标记。

从话语重述标记的译源结构可以看出：话语重述标记的译源是丰富多样的，并非我们熟知的少数几个话语重述标记；其次，译者在翻译过程中发挥了重要作用，他们引介了新形式，且根据上下文的需要适当增加了话语重述标记。翻译汉语模仿了源语的话语重述标记，原创汉语又模仿了翻译汉语中话语重述标记语的位置、功能和表达方式。话语重述标记的高频使用有助于帮助读者快速把握句子或语篇的主旨内容，增进读者对上下文的理解，避免歧义。因此，从某种意义上说，话语重述标记的高频使用是现代汉语白话文走向精密化、明确化的重要表现之一。

6.3.5 话语重述标记的欧化机制考察

话语重述标记的欧化主要体现在话语重述标记的位置和功能逐步固化，逐步发展为重要的语篇、语用标记。原创汉语复制了翻译汉语中话语重述标记的形式、位置和功能，属于全部复制。

话语重述标记是汉语旧白话固有的一种语言现象。但由于传统旧白话中章回小说的独特特点，话语重述标记作为语篇标记的使用频率受到一定限制。汉语旧白话中明显的语篇标记有"话说""且说""再说""却说""且不说……却说……"等，它们多位于章回小说每一回的开头。"五四"后在翻译的积极推动下，话语重述标记尤其是与英语源语具有相似形式和功能的话语重述标记的使用频率逐渐增高。译者根据上下文语境，灵活增加话语重述标记，扩展了话语重述标记的使用范围。促使话语重述标记的使用频率逐渐升高。汉语原有表达中话语重述标记虽已存在，但使用频率较低。翻译影响下激活了原创汉语已有的话语重述标记，促使话语重述标记的使用频率重新升高。其次，话语重述标记不同表达法的使用和接受过程中，译者发挥了重要作用。为了帮助读者更好地理解上下文，译者在翻译过程中添加了较多话语重述标记，促使此类话语重述标记的使用频率迅速增长。随着话语重述标记使用频率的增加，他们的位置和功能也逐步固定下来，如大多位于句首，后有标点符号"，"等。话语重述标记发挥着承上启下或解释的功能，逐渐成为显性语篇标记语。

综上所述，话语重述标记能成功被复制的重要原因是：形式和功能与英语源语中的话语重述标记相似。原创汉语全部复制了翻译汉语中话语重述标记的形式（位置）和功能。在翻译的积极引介和推动下，现代汉语白话文扩展了已有话语重述标记的用法，促进话语重述标记的使用频率逐渐升高，固化为现代汉语白话文的一部分。话语重述标记发挥着解释、说明或总结等作用，有助于引导听话人推导话语标记的隐含意义，加深理解话语，语境及上下文，有助于实现语篇的连贯性与条理性，为现代汉语白话文朝着精密化、明确化的方向发展发挥了积极作用。

6.4 单双语作家语料的比较

本书中的"双语作家"主要指能同时熟练运用母语和外语创作的作家，如林语堂；"译者兼作家"指具有较强双语能力的作家，他们不仅翻译了大量国外作品，还用母语创作了大量作品，但很少运用外语进行创作。"五四"时期许多作家兼翻译与创作于一身，如鲁迅、周作人等。"单语作家"主要指创作上成绩突出，但外语能力相对较弱的作家。"五四"时期大多数作家的外语能力较强，有的还能熟练使用几种语言。这段时期不会外语的相对较少，沈从文是外语能力较弱，但创作突出的作家中少有的一位。1930年前后是欧化凸显的年代。这段时期，作家和译者作品中的欧化语言都比较明显。本章主要选取这段时期知名单、双语作家的作品，建成单双语作家语料库，通过考察单、双语作家的欧化，佐证翻译语言对创作语言的影响。

本节双语作家以林语堂为代表，选取《读书的艺术》[1]等。译者兼作家人数众多，本节选取九位，具体为：鲁迅、周作人、冰心、许地山、鲁彦、张资平、朱自清、卞之琳和苏雪林，此部分语料从类比语料库中提取。单语作家主要选取沈从文的作品，如《船上》等。单双语作家语料库的总库容为：314,616字，具体见附录4。单双语作家语料库也采用中科院汉语分词软件ICTCLAS2008进行分词，分词后经人工校对。

本部分的假设是：双语作家、译者兼作家和单语作家的语言都存在欧化现象，但欧化的程度不同，且有一定梯度。双语作家、译者兼作家受两

---

[1] 受所选时间段的限制，本书收集的林语堂的作品大多是序言或杂文。语言上与小说可能有一些差异。

种语言影响，熟悉两种语言的转换规律，欧化程度可能较浅；单语作家阅读翻译作品，模仿译文的写作方法，欧化程度可能更重。

6.4.1　语言文体特征比较

借助 WordSmith 6.0，本书首先考察了单、双语作家和译者兼作家作品的语言文体特点，具体考察的参数为词汇密度、平均句长和平均句段长，结果如表6-10所示。

表6-10　单、双语、译者兼作家语言文体特征考察结果

类别 ＼ 参数	标准类符/型符比	平均句长	平均句段长
双语作家	50.99	19.40	5.83
译者兼作家	46.25	16.57	6.36
单语作家	44.91	19.97	7.09

考察发现：双语作家、译者兼作家和单语作家语言的标准类符/型符比、平均句长和平均句段长上都存在一定差异。双语作家作品的标准类符/型符比（或词汇密度）最高，达到50.99；译者兼作家次之，为46.25；单语作家的词汇密度最低，为44.91，与翻译作品的词汇密度值较接近。单、双语作家、译者兼作家作品的词汇密度差别很大，可能是受选材范围的影响。林语堂作品内容广泛，包括人物评论、作品序言以及杂论等，词汇密度较高；译者兼作家和单语作家的语料主要为小说和散文，选材差异可能是造成各类作品词汇密度差异的最主要原因之一。

平均句长上，双语作家的平均句长为19.40，译者兼作家为16.57，单语作家为19.97。单语作家的平均句长最长，如《边城》中的例子：

例（75）我这本书只预备给一些"本身已离开了学校，或始终就无从接近学校，还认识了中国文字，置身于文学理论、文学批评，以及说谎造谣消息所达不到的那种职务上，在那个社会里生活，而且极关心全个民族在空间与时间下所有的好处与坏处"的人去看……我将把这个民族为历史所带走向一个不可知的命运中前进时，一些小人物在变动中的忧患，与由于营养不足所产生的"活下去"以及"怎样活下去"的观念和欲望，来作朴素的叙述。

（《边城》题记）

　　《边城》是沈从文的代表作，1934年完成。该作品的语言欧化意味很重。如例（75），主句"我这本书只预备给一些……人去看"的结构本来比较简单，但中间插进了一个特别冗长的句子，修饰名词中心语"人"；"我要把一些小人物的忧患、观念和欲望，来做朴素的叙述"，"要把……来做……的叙述"也是欧化意味很强的句子，如果将"叙述"做谓语，可能比"要把……来做……的叙述"更符合汉语习惯。梁实秋（1973）在《忆沈从文》中写道"文笔略带欧化语气，大约是受了阅读翻译文学作品的影响"。1930年前后，文言文日趋式微，现代白话文作为新生事物尚处在发展早期，读起来总有些稚拙感；或深受西文影响，刻意模仿欧化句式，以致于遣词用句与传统汉语有一定距离。20世纪初期翻译作品中长句子俯拾即是，欧化语言处处存在，读者浸染于这种文字中，怎么能不受到欧化语言的传染和影响？

　　平均句段长上，双语作家的平均句段长为5.83，译者兼作家为6.36，单语作家为7.09。翻译作品四个阶段的平均句段长分别为：5.83、6.22、6.53和6.88（见表5-1），可以说，单语作家的平均句段长甚至比翻译作品更长。与双语作家、译者兼作家相比，单语作家的语言特点与翻译语言更接近。也就是说，单语作家使用了更多欧化句式，欧化程度可能更高。因此，从词汇密度、平均句长和平均句段长这三个参数来看，单语作家作品的语言特点更接近翻译汉语，欧化程度更高。

　　为了进一步考察单、双语作家的欧化程度，我们接着从数量词欧化、定语结构欧化和话语重述标记欧化三方面入手，探讨翻译对创作语言的影响。

6.4.2 语言微观层面对比

　　我们以数量词、定语结构以及话语重述标记的使用频率为例，发现不同类别作家的语言在微观特点上也存在一定差异，如表6-11所示。

表6-11　"一个＋名词"、定语结构和话语重述标记频率对比（每万字的使用频率）

参数 类别	一个＋名词	定语长度	话语重述标记
双语作家	10.46	3.98	28.15
译者兼作家	35.07	6.85	3.9
单语作家	60.74	8	4.0

词汇上，单语作家使用"一个＋名词"的频率为60.74，译者兼作家的使用频率为35.09，双语作家的使用频率为10.46。而翻译汉语中"一个＋名词"的使用频率分别为7.85、55.6、59.02和75.85（见表6-1）。很明显，单语作家"一个＋名词"的使用频率与翻译作品最接近，译者兼作家次之，双语作家的使用频率最低。在"一个＋名词"使用上单语作家欧化程度最深。

定语长度上，双语作家"一个……+的＋名词"中定语平均长度为3.98，译者兼作家为6.85，单语作家为8。翻译汉语四个阶段的定语长度分别为：5.85、7.56、7.85和7.75（见表6-4）。单语作家定语长度超过了译者兼作家及双语作家，与翻译语言的定语长度更接近。如：

例（76）山狸子的脚迹是在雪消后就会失去的，二哥却在我们十个人心上，留下一个不容易为时间拭去的深深的影子。（选自MBC）

例（77）是的，一个想学坏时时只从这生疏中见到可笑可怜的年青人。（选自MBC）

译者兼作家作品中也存在较长定语，如：

例（78）他走进来时看见苔莉和一个克欧从未见过的、比苔莉还要年轻的女子对坐着吃饭，他觉得这个女子比苔莉还美些，第一她的肤色比苔莉的洁白些。（选自MBC）

例（79）在此刻回想起来，仿佛是<u>一个尖面庞，乌眼睛，瘦小身材，而且有尖小的脚</u>的少女，并没有什么殊胜的地方。（选自MBC）

双语作家林语堂作品中使用的长定语句子为：

例（80）<u>一个身不出门庭，目不睹市井，树既爬不上，沟又跳不过，太阳晒不得</u>的白面书生，<u>野风吹不得</u>的文弱白面书生。（选自MBC）

例（76）"影子"前的定语包含多个定语成分"一个不容易为时间拭去的""深深的"；例（77）"年轻人"前的定语较长，有多重结构，比较复杂。单语作家作品中的长定语结构多为复杂小句，有的可以抽出来单独成句。这些小句中间没有标点符号，一定程度上增加了句子的结构容量和句子难度。例（78）"女子"前的定语是"一个克欧从未见过的""比苔莉还要年轻的"，中间用"，"隔开，句子虽长，但句段长度较短，相对容易理解。例（79）"少女"前有较长的定语，但"尖面庞""乌眼睛""瘦小身材""而且有尖小的脚"都是短语结构，且有标点符号隔开，相对也容易理解。例（80）"书生"前的定语长达28个字，但用"，"隔开，句段长度缩短，降低了句子难度。

学者研究部分证实了我们的发现。夏志清（2001：165-167）评论沈从文作品时提到："沈从文，是连一句英文都不会说的'乡下人'"；"他开始写作时，全凭自己的摸索，对西方小说传统，可说全无认识。他的叙述手法，全部是传统的"；"他创作前期，欧化却非常明显，可能是为了补偿不懂英文的自卑心理，偏要写出冗长的，像英文一样的长句"。在翻译盛行的时代，尤其是以"直译""硬译"为主要翻译策略和借鉴翻译语言的社会大背景中，作家长期阅读大量欧化文章，创作肯定会受到欧化潜移默化的影响。

话语重述标记上，双语作家话语重述标记的使用频率为28.15，译者兼作家为3.9，单语作家为4.0。译者兼作家与单语作家话语重述标记的使用频率比较接近，而双语作家话语重述标记的使用频率较高。一方面，如前所述，与我们选择的材料可能有一定关系。本节所选林语堂的作品，大多是小品文，话语重述标记的使用频率可能更高。另一方面，为了促进交际顺利进行，双语作家可能使用更倾向使用话语重述标记。

"五四"前后，欧化语言在单语作家、译者兼作家和双语作家的作品中普遍存在。从本书考察的几个参数来看，单语作家欧化的程度最深。双语作家、译者兼作家语言中出现欧化现象可能受英语源语的影响以及双语转换过程的影响。单语作家的欧化则主要受翻译作品的影响，因为单语作家接触到的作品为原创汉语作品与翻译作品。本节语言文体特征的研究发现基本符合我们的假设，佐证了翻译对创作语言的影响。

6.4.3 翻译对语言创作的影响

"五四"后文言已步入末路，白话却处在牙牙学语的稚龄阶段。当时正值中国文化式微，借助翻译，西方语言表达形式及文化大量涌入，处于萌芽期的现代汉语白话文受到各方面的影响，向任何一方面发展都是可能的。以傅斯年、胡适、鲁迅等为代表的知识分子积极提倡欧化，他们认为当时白话文表达能力有限，应多祈求外援。"硬译""直译"是当时引入西方语言的重要形式，也是导致欧化、异化的重要原因。而欧化和异化是现代汉语白话文吸收外来语言过程中出现的"消化不良"现象。如果说梵文对中文的影响止于词汇，而英文对中文的影响则已经渗入文法（余光中1979a）。

翻译影响现代汉语白话文的发展有直接和间接的原因，两者的界限已经非常模糊。直接原因来自双语作家阅读英文、从事翻译，长期浸染于英语的环境中。他们的语言表达方式甚至思考方式都会受英语的影响。当时的文坛和传播领域中，文学创作、学术著作和新闻报道充满了翻译味。这些媒介中的欧化语言是导致现代汉语出现欧化翻译腔的间接原因。

欧化过程中译者发挥了重要作用，模仿是促成欧化的主要方式。一般而言，双语作家或译者兼作家的翻译语言多少会受源语语言的影响；此外，作家如果在翻译语言中浸染的时间过长，他们的创作语言也不免受到翻译语言的影响。大多数"五四"作家不仅精通外语，有的还精通多种外语，他们大量阅读国外作品，进行大量翻译实践，这些经历都会影响他们的创作语言。在回忆自己的创作经历时，"五四"作家经常谈到阅读外语作品的帮助，或翻译对他们创作的影响。叶圣陶在《过去随想》中所言，"如果我没有阅读英文，如果我没有接触英文读物，我就不会写作小说。"鲁迅在《南腔北调集·我怎么做起小说来》说："大约所仰仗的全在先前看过的百来篇外国作品和一点医学上的知识"；郑伯奇在《中国新文学大系三集·导言》中指出："现在回顾这短短十年间中国文学的进展，我们可以看出西欧两百年间的历史在这里很快的反复了一番……我们只想指出，这短短十年中间，西欧两世纪所经过了的文学上的种种动向，都在中国很仓促而又杂乱的出现过来（转引自严家炎 2001）。"另一位明确表明翻译对创作影响的作家是巴金。巴金（1958）在《谈我的散文》中提到，"有一个时期我的文字欧化的厉害，我翻译过几本外国书……我过去做翻译工作多少吃了一点'死扣字眼'的亏，有时明知不对，想译的活一点，又害怕有人查对字典来纠正错误，为了偷懒、省事起见，只好完全照外国人遣词造句的方法使用中国文。在翻译上用惯了，自然会影响写作。"当代作家余光中（1969）曾提到翻译叶芝的诗也影响了他的创作风格。并总结道"没有翻译，'五四'新文学的发展，至少不会那样发展下来。西洋文学翻译，对中国新文学发展所发挥的作用不可低估。"西蒂（郑振铎）（1923）在《翻译与创作》中指出，"翻译者在一国的文学史变化更急骤的时代，常是一个最需要的人。"翻译之于创作不仅是"媒婆"，还是"奶娘"，是"开窗引进户外的日光和清气和一切美丽的景色"的人。翻译过程中，译者逐字逐句阅读，反复咀嚼、消化和吸收源语的语言形式，长期浸染于两种语言之间，自然会潜移默化地影响创作语言。

翻译语言影响创作语言的实现途径主要是模仿。周作人（1918b）在《日本近三十年小说之发达》中说："中国讲新小说也二十多年了，算起来却毫无成绩，这是什么理由呢？据我说来，就只在中国人不肯模仿不会模仿。""我们要想救这弊病，需得摆脱历史的因袭思想，真心的先去模仿别人。随后自能从模仿中蜕化出独创的文学来。"双语作家、译者兼作家创作中模仿引入西方语言结构方式。单语作家不能阅读西方语言只能模仿译文的写作方式，力图寻找中国传统语言与西方语言的切合点，最终达到本土化。可以说，翻译语言为单语作家的创作提供了模仿和参考范本。

　　"五四"时期，语言欧化是文学领域的普遍现象。正如思果（2001b：88）所观察到的，"'五四'那个时候的作家几乎全是受欧化影响的"。他又说（2001b：54），"拓荒的译者和作家，是罪人，也是功臣。""罪人"主要指译者和作家的语言过度欧化，偏离汉语旧白话过远；"功臣"则指他们引进了西方的语言形式，丰富和促进了现代汉语白话文的发展。现代汉语白话文发展初期还不成熟，难免受到各方面的影响。此外，现代汉语白话文发展初期，文言文的余势仍在，文白夹杂的现象较明显。1930年前后，文言的影响渐行渐远，年轻多产的作家或有国外留学、游学的背景，或有在国内英语系读书教学的经历，英文读得多，受外语的影响可能会较大，创作语言中可能有一定体现。双语作家精通外语，他们对两种或多种语言运用自如，更加灵活。译者兼作家的创作往往受到翻译的影响。20世纪初的译者兼作家积极提倡欧化，但他们的中文功底深厚，欧化可能只是表面现象。白话文体大半未脱早期的"生涩"与"稚拙"（余光中 1976）。借用西方语言过程中出现"消化不良"的现象在所难免，真正能读懂外语并且运用自如的人毕竟只占一小部分。现代汉语白话文与旧白话小说《红楼梦》《西游记》和《水浒传》中的语言表达有一定距离，如果仅仅依靠翻译改造现代汉语白话文，语言文字上出现生硬的翻译味在所难免。同时，在翻译骤增的年代，翻译过于自由的作品，或者连译带改的作品仍占有一定比例，其中也不乏部分劣译。不懂英文的作家阅读翻译作品的过程中可能会受翻译语言潜移默化的影响。余光中（1979b）甚至认为，那个时候"几乎没有一位名作家不受感染"。可见，翻译语言对现代汉语白话文影响之深。

　　单双语作家语料库的考察发现："五四"前后文学领域的欧化现象比较普遍。双语作家、译者兼作家以及单语作家都有不同程度的欧化。双语作家能够熟练使用两种语言，欧化程度最小；译者兼作家熟练掌握外语，汉语功底深厚，欧化较浅；单语作家虽不直接阅读外语原文，但在翻译的影响下，自觉吸收了译文中高频出现的、新的语言形式，欧化程度相对较深。单双语作家语料的对比进一步佐证了翻译对创作语言的影响。因此，以大力改造汉语书面语言为己任的"五四"白话文运动，曾经在短时间内创造了欧化文体，成为一时之尚；视语言为改良的工具，也成为"五四"一代的共识（李春阳 2017）。

6.5 小结

基于词汇、句法、语篇视角以及单双语作家语料库的对比考察，本章主要从语言微观层面探讨了翻译对现代汉语白话文变迁的影响。

词汇上，探究了数量词的欧化，以"一个"为例。翻译汉语和原创汉语中，"一个"的使用频率不断升高。"个＋名词"虽是汉语原有的表达形式，但使用频率上，较参照语料库有所下降。"一个＋名词"将长期与"个＋名词"共存；在"一个＋可数名词"的基础上，又扩展出了"一个＋抽象名词""一个＋形容词""一个＋动词"等用法。

句法上，探讨了定语结构的欧化，以"一个＋……的＋名词"中的定语结构为例。翻译汉语模仿了英语源语的表达，将英语右扩展的定语结构移植到汉语左扩展的定语结构中，造成翻译汉语和原创汉语定语长度增加、结构扩展、容量增大。但受英汉语言差异和认知机制的限制，定语结构的扩增仍然有一定限度。

语篇上，以话语重述标记为例。翻译汉语和原创汉语话语重述标记的使用频率呈下降趋势，且由多个话语重述标记固化为常用的话语重述标记，用法和功能逐渐固定。从总结性话语重述标记的译源结构上看，译者模仿了英语话语重述标记的位置，添加了有助于增进理解、促进交际顺利进行的话语重述标记。

基于文体特征和语言微观层面考察单双语作家语料库的研究发现：相比双语作家、译者兼作家而言，单语作家欧化的程度更深，进一步佐证了翻译对创作语言的影响。

第七章 翻译影响目标语言变化的机制

"任何语言都不可能在完全孤立于其他语言的情形下发展起来"
(Thomason 2001：8)，一种语言发展过程中一定会与其他语言接触，语言
自身发展与外部语境在这个过程中发挥的作用各不相同。通常认为：内部
规律对语言变化的影响和制约较大。但在"五四"特殊的社会语境下，现
代汉语白话文短时期内发生了重大变化，可以说这个阶段语言变化中外部
因素可能发挥了更大作用。

7.1 翻译影响目标语言发展变化的因素

只要有充分的接触时间和接触强度，一种语言的所有特征（语音、语
义、语序和语法范畴等）都可能被借用（Thomason and Kaufman 1988：
67）。根据Thomason and Kaufman（1988），借用等级可以分为偶然接触、
强度不高的接触、强度较高的接触和高强度接触，具体见表7-1。

翻译属于语言接触中间接的、以书面语言为主的接触方式。在强有力
的社会语境下，基本编码语言（原创语言）模仿和复制模型编码语言（翻
译语言）的词汇、句法和语篇等层面的表达不仅是必然的，而且是可能和
可行的。但受语言差异或其他因素的影响，这种复制有一定限度。

表7-1　借用等级（Thomason and Kaufman 1988: 74-75）

接触等级	接触环境	借用成分的种类和层次
偶然接触	借用者不一定是源语的流利使用者，或借用语境中双语人数极少	借用非基本词汇
强度不高的接触	借用者双语能力较强，但占少数	借用功能词及较少句法结构 词汇：功能词，如连词和小品词。 结构：少数结构，尚未引入可改变借语结构的语言特征。 音系：出现新的音子或音位。 句法：原有结构产生新功能，某些语言形式的使用频率可能增加或减少。
强度较高的接触	更多的双语使用者，语言使用者的态度及其他社会语境有利于主动借用	基本词汇和非基本词汇均可借用，更多的是结构借用。 词汇：基本词汇，如介词、系词、派生词缀、曲折词缀、人称代词和常用的词等都可借用。 结构：借用更多的结构。 音系：增加新的音位、韵律特征和重音的不同位置等。 句法：不完全改变语序，但一种语言中的后置结构可能变成另一种语言的前置结构，反之亦然。
高强度接触	社会因素有利于语言接触，借用语境双语使用者非常普遍。	各类词汇都可借用，结构借用增多。 词汇：借用增多。 结构：某些借用甚至可以改变句子结构。 音系：对比音位中可能引入新的区别性特征。 语法：语序变化较明显。

　　据表7-1，从双语使用者的人数看，现代汉语白话文的欧化应属于偶然接触；但从影响看，则属于高强度接触。"五四"前后大多数知识分子秉承这样的观点：西方语言的严谨与缜密的思维是分不开的；西方文明程度高与

语言发展密切相关。学习和模仿西方语言结构将是改造现代汉语白话文的利器，是改造思想的重要手段。当时双语使用者虽达不到普遍程度，但提倡欧化的知识分子大多有较高的社会地位，有国外学习、游学经历或学习外语专业的背景，能熟练使用两种或多种语言。他们人数虽然少，但具有较高的社会地位和较广的社会影响力。因此，他们的翻译实践和创作实践能很快成为现代汉语白话文欧化的试验田。

Kranich et al.（2011：18）总结了影响翻译与目标语言发展变化的因素，具体为：译者的翻译取向、接触强度、接触时间、接触语境中社会文化和政治的地位、源语的地位、对源语的态度、目标语言标准化的程度、目标语言相关文体的成熟程度、类型学距离和借用的语言形式能否与源语建立形式或功能对等。

Kranich et al.（2011）、Thomason and Kaufman（1988）以及Johanson（2002）的研究给了我们很多启发。他们充分考虑到影响语言接触和语言变化的语言因素和社会语境因素。研究翻译对现代汉语白话文变迁的影响，也要考察语言因素和社会语境因素。语言因素主要讨论借用的语言结构与目标语言结构在形式和功能上的相似度、两种语言的类型学距离、使用频率等；社会语境因素主要讨论接触强度、两种语言的地位、语言使用者的态度等。

7.1.1 语言因素

（1）借用的语言结构与目标语言结构的形式与功能是否存在相似性

语言接触与语言复制中，若借用的语言结构与模型语言已有的语言特征的形式或功能存在相似性，这种语言特征将很容易被复制，或者短时间内被复制是有可能的，否则，复制过程将很漫长。如现代汉语白话文中"一个+……+名词"结构短时间内被复制，重要原因之一是这一结构与英语中"a/an+名词"的形式和功能存在一定对应。此外，原创汉语中"一个+……+名词"结构虽使用频率不高，但也是传统汉语原有形式；"一个+抽象名词""一个+形容词""一个+动词"虽有欧化味，但符合人们追求新奇表达的心理，主观上人们更容易接受这种表达形式。目标原创语言与源语的形式和功能存在一定相似度是这一语言结构能够被大量复制的重要原因。

定语结构上，英汉定语结构的差别很大，英语倾向于使用右扩展的定语结构，没有长度限制；而汉语倾向于使用左扩展的定语结构，长度不能过长，结构不能过于复杂。由于两种结构差异较大，现代汉语白话文不能完全复制英语的定语结构，只能部分复制。从话语标记语上看，话语重述标记虽然使用频率较低，但也是旧汉语原有的表达形式。英语源语、翻译汉语中的话语重述标记都与旧白话已有的话语重述标记在形式或功能上存在相似。因此，这种结构很容易被全部复制。

存在形式与功能上的相似性是不同语言间发生复制的前提，因为功能相似一定程度上减少异化感、陌生感和距离感，这种语言结构形式也会更容易被目标语读者接受和传播。

（2）类型学距离

类型学上相近的语言对之间更容易发生结构借用。两种语言的类型学距离越近，可迁移语言结构的种类和数量就越多，反之亦然。

英德语言在类型学上属相近语言对。英德语言接触中，翻译促使原创德语"aber"和"doch"复制了英语句首连接词"but"的位置和功能。而英语和汉语属类型学上距离较远的语言对，借用的语言结构或形式容易出现"异质"现象，也就是容易出现"翻译味"。如汉语中定语结构属左分支结构，在主动吸收外来语言的有利社会语境推动下，即使能复制英语源语右分支形式的定语结构，也因与汉语原有表达差距较大，致使这种结构带有很强的"翻译味"。

（3）高频共现

高频共现是促进语言间复制和语言变化的重要因素之一（Bybee and Hopper 2001：13-14；Johanson 2008：74；邹韶华2001：40）。本书考察的"一个+……+名词"的欧化、定语结构的欧化和话语重述标记的欧化等都与它们在翻译汉语中高频出现有关，原创汉语模仿和复制了翻译汉语及英语源语的表达方式，经过一段时间的高频使用后，高频出现的结构形式最终被原创汉语接受，成为原创汉语的一部分。

（4）创新的语言形式

创新的语言形式之所以能成为影响语言变化的因素之一，原因有很多。符合人们追求新奇表达的心理特点是其中重要的因素之一。新的语言特征最初出现在少数趋新知识分子的翻译或创作中，在主动吸收外来文化的社会语境下，更多的人模仿、扩散，最终促使其规范化。如现代汉语白话文中"一个＋形容词"和"一个＋动词"的表达形式，它们在参照语料库中的出现频率较低，带有一定异化的意味，但这种表达符合人们追求新奇表达的心理。在翻译的刺激下，这些表达方式使用频率升高，逐渐被模仿、扩散，最终成为现代汉语白话文的一部分。

　　总之，制约翻译影响目标原创语言变迁的因素有很多。英、汉语属于不同的语言系统，人们的生活习惯、宗教信仰、文化传统等都存在很大差异，这些差异势必在语言上有所反映。现代汉语白话文复制了翻译汉语或英语源语中的表达方式，复制后的语言表达也需要适应原创汉语的规范，只有适应原创汉语语言特点，新引进的语言形式才能成为原创汉语的一部分。

7.1.2　社会语境因素

　　翻译触发目标语言变化的研究中，社会语境因素是翻译发挥作用的基础，发挥着引擎的作用。社会语境因素主要包括接触强度、两种语言的地位以及目标语受众的态度等。

　　（1）接触强度

　　接触强度可细分为：借用引入者的人数、层次、双语流利程度以及语言接触时间等。一般而言，接触强度越高，接触时间越长，接受语社区中双语人数越多，外语流利程度越高，语言结构大量借用的情况就越明显。若接触强度低，接触时间短，接受语社区中双语人数少，借用发生的层级多为词汇层面，句法和语篇层面的借用将较少。"五四"前后，英汉两种语言接触时间虽然不长，但提倡借用者多是具有较高社会地位的知识分子。理论上，他们不仅积极提倡借用翻译改造现代汉语白话文，还身体力行，在实践中实验借用的语言形式。高强度的接触促进了现代汉语白话文在短时间欧化。

　　（2）两种语言的地位

　　晚清，尤其是鸦片战争以后，以英语为主导的西方文化一直处于强势地位，那时国内的知识分子特别崇尚西方文明。在中国文化现代化转型过程中，以文学革命为先锋的新文化运动在中西古今语言碰撞交融中，通过文白之变，实现了转型，具有划时代意义。根据多元系统理论，"五四"新文化运动时的中国现代文学处于"稚嫩"状态，现代意义上的小说还没有出现，白话诗、话剧等翻译作品形式也有待进一步探索，而翻译处于整个文学系统的中心位置（Zohar 1990）。此时，现代汉语白话文试图通过汉语书面语的改造和转型，用融入欧化成分的现代白话代替文言文和旧白话。语言规范也尚未完全建立，翻译语言呈现多元状态，古雅的文言文和通俗的白话文同时存在：严复、林纾用古雅的文言翻译；包天笑、陈鸿璧用浅近文言翻译；伍光建等用白话翻译；周桂笙、周瘦鹃等人交替使用文言、白话。作为西方语言载体的翻译自然成了改造现代汉语白话文的"利器"。此时翻译活动的目的非常明确：除了介绍新思想外，还承担了改造现代汉语白话文的重任。现代汉语白话文也就成了因为翻译而"被逼出来的新体文"（严家炎 2006）。接触中的两种语言地位悬殊，模型编码语言处于优势地位，基本编码语言处于劣势地位，积极主动地吸收、模仿和复制更容易发生。

（3）语言使用者的态度

语言使用者的态度在语言变化的初始阶段非常重要，甚至决定着语言进一步发展的方向。"五四"前后，现代汉语白话文能够在短时间内欧化、发展起来，与鲁迅、傅斯年等为代表的现代知识分子的态度密切相关。没有他们的积极呼吁、身体力行，现代汉语白话文的发展不会如此迅速。

语言本身虽无好坏、优劣之分，但承载语言的社会发展却有文明与落后的区别。"五四"时期的知识分子向往西方文明，希望通过积极学习西方语言促进现代汉语白话文的发展，从而改造人们的思维。翻译引起的语言变化最先可能只出现在少数双语使用者的翻译中，后来逐渐出现在双语使用者的创作中，再后来逐步扩大到单语作家的创作语言中。"五四"前后，现代汉语白话文复制翻译语言只是初步"欧化"，使用者能否接受还需要大量语言实践与考察。孔慧怡（2000：91）认为："在晚清这个时候，翻译的动力完全是非文学性的，提倡译介西方小说的人只是为了知识传播和文化输入，文学作品成为这场运动的主要工具，可以说只是某种巧合而已……如果置当时新小说的背景和立场于不顾，讨论就会变得毫无意义。"晚清文学是这样的，"五四"时现代汉语白话文的发展更是如此，研究翻译与现代汉语白话文的发展离不开对当时社会文化背景的探讨。

　　除了语言因素和社会语境因素以外，认知机制决定了翻译影响目标原创语言变迁的限度。现代汉语模仿和复制西方语言的定语结构有一定代表性，欧化输入了扩增的语言结构，但人们的认知机制却以短时记忆为主。若句子或句段过长，读者不容易抓住句子主旨，将增加阅读和理解困难，这些方面都决定了定语结构的复制只能采用选择复制。

　　综上所述，从表面上看，语言之间的借用是纯语言上的借用，但严格说，语言借用不仅体现在纯语言形式上的借用。不同语言间的复制尤其是翻译触发的语言变化过程中，社会语境因素发挥的作用更大，社会语境因素直接决定干扰方向和干扰程度等。Thomason and Kaufman（1988：35）明确提出：是社会文化语境而不是语言结构决定了一种语言能否被借用。如果不考虑社会因素，将不存在任何预测语言变化的有效因子。翻译是否能传达更多源语的因素，目标语言能在多大程度上吸收翻译语言的语言特征，很大程度上由译入语的社会语境决定。同时，译入语的社会语境进一步决定了人们面对外来语言时的态度。因此，语言因素和社会因素共同作用决定了翻译触发目标语言发展变化的必然性和可能性，同时又规定了这种变化的限度。

7.2　翻译触发现代汉语白话文发展变化的机制

　　语言发展变化的机制主要是：重新分析、扩展和借用（Harris and Campbell 1995：51）。重新分析和扩展主要涉及语言发展变化的内部因素；借用涉及语言发展变化的外部因素。翻译触发的目标语言变迁正是内因和外因共同起作用的结果。"五四"前后，翻译引发的现代汉语白话文的发展变化不是简单的编码转换，而是一种蓄意决定（deliberate decision）。翻译或引进了新的表达方式或激活、扩展了旧白话原有的表达方式，有些表达形式随着使用频率的升高逐渐成为现代汉语白话文的一部分。但有的则因为与传统汉语相去甚远或不符合人们的认知机制，最终被淘汰。

　　综合Thomason and Kaufman（1988）和Kranich et al.（2011）等学者的论述以及本书研究翻译与目标语言变迁的发现，本书提出了影响翻译触发现代汉语白话文发展变化的因素，包括译者的翻译策略、接触强度等，具体见表7-2。

表7-2   英汉翻译影响现代汉语白话文发展变化的因素

影响参数	现代汉语白话文的欧化
译者的翻译策略	直译、硬译、显性翻译
接触强度	高强度，主要集中在知识分子阶层，他们多是双语、多语使用者，后扩展到单语使用者。
接触时间	20年左右
社会文化和政治背景在接触语境中的地位	双语使用者在社会上影响力极强；新文化运动时的知识分子积极提倡用翻译改造现代汉语白话文。
源语的地位	优势语言地位
对源语的态度	崇尚西方语言
目标语言标准化的程度	现代汉语白话文刚刚取代文言文，各方面都不成熟
目标语言相关文体的成熟程度	大多数文体需要借鉴西方
类型学距离	非相近语言对
特定语言结构形式、功能对等的可能	有可能

从表7-2可以看出：尽管英、汉语接触时间较短，但社会语境强有力的推动、高强度的接触、学界先锋有目的地引介西方语言等，都推动了现代汉语白话吸收欧化语言，使其短时期内发生了重大变化。一定程度上说明了现代汉语白话文复制欧化语言、翻译汉语的必然性。

在借用翻译改造现代汉语白话文的过程中，语法欧化的趋势是很自然的，一切反对力量都遏止不住这个潮流（吕叔湘、朱德熙2005）。欧化作为当时的语言潮流，译者、作家争相模仿。翻译引入新表达方式是以不违反语言发展规律为基础的。特别是当目标语言存在与外语源语类似的表达形式时，更有助于翻译引进新的表达方式，或扩展原有的表达方式。但Thomason and Kaufman（1988）建议：翻译作为语言变化的媒介只能引起书面语语言结构的微小变化（slight structural borrowing）。英汉语言接触不完全支持这一观点，但从侧面说明了翻译触发的语言变化有一定限度。

王力（1943/1985：334）表达了对欧化的态度：

"咱们对于欧化的语法，用不着赞成，也用不着反对。欧化是大势所趋，不是人力所能阻隔的；但是，西洋语法和中国语法相离太远的地方，也不是中国所能勉强迁就的。欧化到了现在的地步，已完成了十分之九的；将来即使有人要使中国语法完全欧化，也一定做不到的。"

吕叔湘、朱德熙（2005：215）、向熹（2010b：806）等也表达了同样的观点：现代汉语白话文发展过程中模仿了西方语言的表达方式，但这种借用、吸收和模仿一定要以遵守现代汉语白话文内部发展规律为前提，任何违背语言发展规律的借用都不会在目标语言中扎根，现代汉语白话文的借用过程也不例外。

如果没有翻译的刺激，现代汉语白话文也会发生一些变化，只不过这些变化的过程比较缓慢。翻译触发的现代汉语白话文的变迁遵循汉语本身的发展规律，"其中一部分，将从'不顺'而成为'顺'，有一部分，则因到底'不顺'而被淘汰，被踢开（鲁迅 1931）。"过分欧化的语言表达终因经不起时代的考验，最终不能成为现代汉语白话文的一部分。

7.3　小结

本部分从语言因素和社会语境因素两个方面探索了翻译触发的目标语言发展变化的机制，尤其是英汉翻译触发的现代汉语白话文发展变化的机制。

若借用语言的表达形式与目标语言在形式和功能上存在一定相似度、类型学距离相近、高频出现等更容易被模仿和复制。翻译触发的语言变化以书面语为主要传播途径，社会语境因素是促使欧化得以实现的重要因素。高强度接触、受众积极吸收外来因素、源语享有较高的社会地位等，都将有利于复制的顺利进行。"五四"时代特殊的社会语境是翻译影响现代汉语白话文变迁的重要社会基础。社会语境的刺激促使现代汉语白话文短时间内发生了重大变化，但现代汉语模仿和复制翻译语言也需要以自身语言发展规律为基础，否则，复制的语言结构只能短时期内存在，最终将被淘汰。因此，现代汉语白话文的发展变化是现代汉语自身发展与社会语境共同起作用的结果。

第八章　结语

8.1 研究发现

　　本书构建了历时复合语料库，包含类比语料库、双语平行语料库、参照语料库和单双语作家语料库四个子库，涵盖一百多位作家/译者的作品，库容约790万字/词。借鉴编码复制框架理论、翻译学、语料库语言学等相关理论，本书首先统计、对比和分析了翻译汉语和原创汉语的语言文体特征，其次从语言结构微观层面入手，以数量词、定语结构和话语重述标记为例，考察了现代汉语白话文的早期发展变化以及翻译可能在其中发挥的作用，并探讨了翻译引起目标语言发展变化的机制。本书主要得到以下结论：

　　（1）基于翻译汉语和原创汉语的语言文体特征考察发现：现代汉语白话文词汇密度增加、平均句长，尤其是平均句段长不断增长。部分证实了以往研究者的观察结果（北京师范学院 1959；王力 1943/1985，1954/1984，1980；谢耀基 1990）。

　　词汇密度上，原创汉语的词汇密度分别为：54（参考语料库）、44.5、44.9、46.2和46.6；翻译汉语的词汇密度分别为：47.25、41.8、44.95和44.26。原创汉语的词汇密度呈上升趋势；翻译汉语的词汇密度总体上低于原创汉语，第一个阶段例外。

　　平均句长上，翻译汉语的平均句长分别为18.8、14.90、17和19.76，原创汉语的平均句长为16.03、16.87、16.26、16.47和16.29。平均句长总体呈上升趋势，翻译汉语的平均句长比原创汉语长，但第二个阶段例外。

　　平均句段长上，翻译汉语的平均句段长分别为：5.83、6.22、6.53、6.88，原创汉语的分别为：5.40、5.97、6.1、6.02和5.96。翻译汉语的平均句段长持续增长，且远远高于原创汉语，第一阶段例外。

　　词汇密度、平均句长和平均句段长的考察显示：现代汉语白话文正朝着精密化、明确化的方向发展。第一阶段和第二阶段出现了一些特例，进一步说明这两个阶段是现代汉语白话文发展变化的敏感期。这两个时间段翻译语言和原创语言的语言特点都比较特殊，也从侧面反映出社会语境在语言变迁中的作用。第一阶段，大力提倡借助翻译改造现代汉语，不断引入新的词汇，所以这段时期的词汇密度高（清代参照语料库的词汇密度也较高，与这段时间用词古雅，多用单字以及所用的分词系统有一定关系），说明了词汇是语言变化中最敏感、最容易受影响的因素之一；"五四"前后现代汉语白话文处于萌芽阶段，具有深厚文言功底的作家和译者深受文言文的影响，如何使用现代汉语白话文仍然停留在实验阶段。可能是第一阶段原创汉语的词汇密度和平均句长低于翻译汉语的原因。第二阶段出现了欧化翻译策略与方法的辩论，以梁实秋与鲁迅、鲁迅与瞿秋白的讨论为代表。欧化反思期可能是造成这一阶段翻译汉语词汇密度低、平均句长短的原因。但翻译汉语的平均句段长却持续增长，解释了翻译汉语为何带有欧化腔，为何相对较难理解。可见，社会语境在翻译触发的语言接触与语言变化中起着非常重要的作用。

　　（2）基于语言层面的微观考察，从词汇、句法和语篇结构入手，探讨现代汉语白话文的变迁以及翻译在其中发挥的作用。词汇上，以"一个"为例探究了数量词的欧化。数量词欧化中，四个研究阶段中翻译汉语"一个＋名词"的使用频率（每万字）分别为：7.85、55.6、59.02和75.85；原创汉语的使用频率分别为：28.22、27.78、37.72、37.27和52.88。可以看出，翻译汉语和原创汉语中"一个＋名词"的使用频率逐渐升高，翻译汉语尤为突出。

　　"个＋名词"和"一个＋名词"都是汉语原有的表达方法，"一个＋名词"在参考语料库中的使用频率不高，后逐渐升高。这里"一个＋名词"

表达法中，"名词"是可数名词，除了这种表达法外，"一个"还派生出许多新表达法，如"一个+抽象名词""一个+动词"和"一个+形容词"的用法等。

双语平行语料库的考察发现："一个+名词"主要来源于英语"a/an+名词"的结构，但"one+名词""the+名词""some/any+名词"或动词形式等也成为"一个+名词"的译源，他们共同构成和促进了"一个+名词"的高频出现。

句法上，研究了定语结构的欧化，以"一个……+的+名词"中的定语结构为例。统计分析发现：翻译汉语的定语平均长度分别为：5.85、7.56、7.85和7.75；原创汉语的定语平均长度分别为：6.78、6.58、6.97、7.28和7.29。结果显示：翻译汉语和原创汉语中"一个……+的+名词"的定语结构不断增长，结构扩展，容量增加。

双语平行语料库的考察发现：翻译汉语定语结构增长、容量扩展的主要原因是翻译过程中翻译汉语模仿了英语复杂后置定语的表达法，将英语右扩展结构的表达方式移到现代汉语白话文左扩展的结构中。受英汉语言特点和人类认知机制的限制，原创汉语只能部分复制英语的定语结构。冗长、有多层修饰的定语结构与旧白话原有习惯和规范有很大差异，不能完全被接受。

语篇上，考察了话语重述标记的复制。话语重述标记大多位于句首，表承上启下或解释的功能等，它的高频使用是人类逻辑思维发展在语言上的表现，也是现代汉语白话文朝着精密化、明确化方向发展的具体体现。翻译汉语话语重述标记的使用频率分别为：26.08、1.22、3.5和3.57；原创汉语中的使用频率分别为：0.76、15.61、4.06、3.41和2.35。结果显示：话语重述标记在翻译汉语和原创汉语中的使用频率逐步下降、种类逐渐减少，开始固化为常用的话语重述标记。翻译过程中，翻译汉语模仿了英语源语话语重述标记的位置和功能，同时激活、扩展了汉语原有话语重述标记的表达，而原创汉语模仿了这一用法。

（3）以单、双语作家为例考察了翻译对现代汉语白话文创作语言的影响。单、双语作家的语言文体特点以及语言微观层面的考察发现，单语作家的语言特点与翻译作品更接近，欧化程度可能更深。如果说双语作家、译者兼作家的语言欧化是受英语源语以及英汉双语转化规律的影响，单语作家的欧化则是因为阅读翻译作品而致。单双语作家语料库的考察进一步佐证了翻译对现代汉语白话文变迁的影响。

（4）最后，本书探究了翻译影响目标语言发展变化的机制。语言因素和社会语境因素是促成翻译触发语言变迁的两大因素。编码复制框架理论解释了语言间复制的可能性、必然性和限度。语言因素包括借用语言的语言特征与目标原创语言在形式和功能上有一定相似度、高频出现等更容易被模仿和复制；促成语言间复制的重要社会语境因素包括高强度接触、受众积极吸收外来因素、源语享有较高的社会地位等。受语言间差异及人类认知机制的限制，偏离汉语原创语言较远的语言结构形式，即使被复制，也可能短期出现在目标原创语言中，最终可能被淘汰。

8.2 研究贡献

本书的贡献主要体现在定量考察了现代汉语白话文的历时发展、翻译在现代汉语白话文变迁中的作用，探讨了翻译影响目标语言变迁的研究方法，即历时复合语料库的考察模式，最后探索了翻译触发目标语言发展变化的机制等。

首先，基于翻译汉语和原创汉语的语言文体特征、词汇、句法和语篇等方面的个案分析，本书分阶段定量考察了现代汉语白话文的历时发展及翻译的作用。现代汉语白话文从确立开始，发生了重大的、多方面的变化。这些变化涉及文体、词汇、句法和语篇等各个层面。本书研究过程既关注了语言间的相似性和差异性，又关注到源语的作用、目标语言的地位、文化语境以及翻译方向等，通过对现代汉语白话文和翻译语言历时变化的研究，深入分析了翻译的社会作用。

其次，本书构建了历时复合语料库，提出了基于历时复合语料库的考察模式。目前基于语料库的翻译研究多以一种类型的语料库或两种类型的语料库为基础开展研究：如类比语料库主要用于考察翻译语言的特征，双语平行语料库主要用于双语对比和翻译转换研究等。以专题形式考察翻译对创作影响的定量研究还相对欠缺。本书尝试提出了基于历时语料，综合类比语料库、双语平行语料库、参考语料库与单双语作家语料库的复合语料库考察模式，便于对比原创汉语和翻译汉语的历时变化，探究翻译对创作语言的影响。在语料时间段的划分上，本书突破了以往主要以政治历史事件，或以20年、30年、100年为划分点的方法，从现代汉语白话文变化的实际出发，以自然年每十年的后五年为考察节点，采用合理拉开时间段又加密时间间距的分段方法，观察现代汉语白话文发展中的一些细小变化，有利于凸显语言发展变化的自然进程。基于历时语料的复合语料库考察模式将是目前研究翻译触发目标语言变化的理想方法。

再次，本书探讨了翻译触发目标语言变化的机制。从语言因素、社会语境因素等方面入手，深入分析了翻译触发目标语言发展变化的可能性、必然性与限度。

最后，本书的研究成果可直接应用于翻译研究、翻译教学和翻译实践。本书建设的历时复合语料库扩展了翻译研究的语料。本书考察的相关参数，如词汇密度、平均句长、平均句段长、数量词、定语结构和话语重述标记等，都可以作为检验英汉翻译"翻译味"、量化译文的参数或因子，将为建立翻译质量评估模型提供一定的借鉴。

8.3 研究局限

综合看来，本研究仍存在一些问题。

首先，语料形式相对单一。"五四"时期文学翻译是翻译活动的主要载体，文学翻译多存在多个译本，其他文体的翻译则多以单行本为主。如果将不同文体的语料纳入考察范围，将更有说服力。定语结构和话语重述标记在非文学文本中的使用频率可能会更凸显。但要综合不同的文本类型，建设涵盖文学文本、非文学文本的历时类比语料库和双语平行语料库，实现分段考察的难度更大。因此，本书所据语料主要是文学语料。为了弥补单一文学语料的不足，1920年前后加入了少量社会科学语料，但数量仍然有限。

其次，语言考察点不够丰富。本书期望全方位比较考察这一时期语言的动态变化，但受篇幅限制，仅选取词汇、句法和语篇中的一个典型个案考察现代汉语白话文早期的发展变化。现代汉语白话文发展变化过程中的其他欧化现象还有待于进一步考察。同时，基于历时复合语料库还可以考察翻译共性、翻译策略的历时变化、英译汉翻译语言特征的历时变化等。

最后，口语语料比较有限。面对面的口语接触最容易影响语言变化，而翻译引起的语言变化中，书面语文本是主要考察对象。"五四"距今已有百年，口语语料获取的难度较大。因此，受语料来源和获取手段限制，本书以书面语料为主。鉴于戏剧台词、小说中的对话是口语表达形式之一，本书语料收集过程中涵盖一定数量的戏剧文本和大量小说，虽未单独提取出口语语料，但某种意义上可以减少研究中单纯使用书面语语料的局限。

8.4 今后研究课题

基于历时复合语料库，借鉴编码复制框架理论、翻译学、语料库语言学相关理论，本书探讨了翻译汉语与原创汉语的历时变化，翻译触发目标语言发展变化的机制等，后续还可以开展许多有意义的研究工作。

(1) 多维度研究翻译与目标语言变迁的语言特征。除了本书考察的数量词欧化、定语结构欧化和话语重述标记欧化外，还可以拓展到其他欧化结构和欧化现象，如被动式、可能式的欧化等。

(2) 拓宽考察翻译引起目标语言变化研究的范围。现代汉语白话文建立初期，各方面的发展还不成熟。除了语言结构受翻译影响外，叙事方式、修辞手段等方面的发展也与翻译的影响相关，这些方面的量化研究还比较缺乏，有待进一步拓宽。

(3) 探析翻译与原创的关系。"五四"前后是翻译和创作的繁荣时段之一，这段时期许多知识分子的翻译、创作都非常丰富，原创语言或多或少受到翻译的影响。本书仅从有限的时间段、有限的语言特征考察了翻译对创作的影响。原创语言中的哪些方面更容易受翻译的影响，与作家群体、性别等有何具体关系，其他时间段翻译与创作的关系有何特征与规律等，仍需进一步考察。

参考文献

Aijmer, K., B. Altenberg and M. Johansson 1996. Text-based contrastive studies in English. Presentation of a project. In K. Aijmer, B. Altenberg and M. Johansson (eds.). *Languages in Contrast*. Papers from a symposium on text-based cross-linguistic studies in Lund, Lund: Lund University Press, 73-85.

Amouzadeh, M. and J. House 2010. Translation as a language contact phenomenon: The case of English and Persian passives. *Languages in Contrast* 10 (1), 54-75.

Baker, M. 1993. Corpus linguistics and translation studies: Implications and applications. In M. Baker, G. Francis and E. Tognini-Bonelli (eds.). *Text and Technology: In Honour of John Sinclair*. Amsterdam: John Benjamins Publishing Company, 233-250.

Baker, M. 1996. Corpus-based translation studies: The challenges that lie ahead. In H. L. Somers (ed.). *Terminology, LSP and Translation*. Amsterdam: John Benjamins Publishing Company, 175-186.

Baker, M. 2001. Towards a methodology for investigating the style of a literary translator. *Target* 12 (2): 241-266.

Baker, M. 2007. Patterns of idiomaticity in translated vs. non-translated text. *Belgian Journal of Linguistics* 21 (1): 11-21.

Baker, P. 2010. *Sociolinguistics and Corpus Linguistics*. Edinburgh: Edinburgh University Press.

Baker, P. 2017. *American English and British English: Divided by a Common Language?* Cambridge: Cambridge University Press.

Barlow, M. 1995. *A Guide to ParaConc*. Athelstan: Houston.

Baumgarten, N., J. House and J. Probst 2004. English as lingua franca in covert translation processes. *The Translator* 10(1): 83-108.

Baumgarten, N. 2005. *The Secret Agent: Film Dubbing and the Influence of the English Language on German Communicative Preferences: Towards a Model for the Analysis of Language Use in Visual Media*. Unpublished Phd Thesis. Hamburg: University of Hamburg.

Baumgarten, N. 2007. Converging conventions? macrosyntactic conjunction with English "and" and German "Und." *Text & Talk* 27 (2): 139-170.

Baumgarten, N. and D. Özçetin 2008. Linguistic variation through language contact in translation. In P. Siemund and N. Kintana (eds.). *Language Contact and Contact Languages*. Amsterdam: John Benjamins Publishing Company, 293-316.

Baumgarten, N., J. House and J. Probst. 2004. English as lingua franca in covert translation processes. *The Translator* 10 (1): 83-108.

Becher, V. 2010. Abandoning the notion of "translation-inherent" explicitation: Against a dogma of translation studies. *Across Languages and Cultures* 11 (1): 1-28.

Becher, V., J. House and S. Kranich 2009. Convergence and divergence of communicative norms through language contact in translation. In P. Siemund and N. Kintana (eds.). *Language Contact and Contact Languages*. Amsterdam: John Benjamins Publishing Company, 125-151.

Biber, D. 1993. Representativeness in corpus design. *Literary and Linguistic Computing* 8(4), 243-257.

Biber, D., S. Conrad and R. Reppen 1998. *Corpus Linguistics: Investigating Language Structure and Use*. Cambridge: Cambridge University Press.

Biber, D., E. Finegan and D. Atkinson 1993. Archer and its challenges: Compiling and exploring a representative corpus of historical English registers. In J. Aarts, P.d.Haan and N. Oostdijk (eds.). *English Language Corpora: Design, Analysis and Exploration.* Amsterdan: Rodopi, 1-13.

Bisiada, M. 2013. Changing conventions in German causal clause complexes: A diachronic corpus study of translated and non-translated business articles. *Languages in Contrast* 13(1), 1-27.

Bisiada, M. 2016. Structural effects of English-German language contact in translation on concessive constructions in business articles. *Text & Talk* 36(2), 133-154.

Bisiada, M. 2018. The editor's invisibility: Analysing editorial intervention in translation. *Target* 30(2), 288-309.

Bisiada, M. 2019. Translated language or edited language? A study of passive constructions in translation manuscripts and their published versions, *Across Languages and Cultures* 20(1), 35-56.

Blakemore, D. 1993. The relevance of reformulations. *Language and Literature* 2 (2): 101-120.

Blum-Kulka, S. 1986. Shifts of cohesion and coherence in translation. In J. House and S. Blum-Kulka (eds.). *Interlingual and Intercultural Communication: Discourse and Cognition in Translation and Second Language Acquisition Studies.* Tubingen: Gunter Narr, 17-35.

Bowker, L. and J. Pearson 2002. *Working with Specialized Language: A Practical Guide to Using Corpora.* London: Routledge.

Bybee, J. and P Hopper. 2001. Introduction to frequency and the emergence of linguistic structure. In J. Bybee and P. Hopper (eds.). *Frequency and the Emergence of Linguistic Structure.* Amsterdam: John Benjamins Publishing Company, 1-24.

Chen, H. H. 1994. The contextual analysis of Chinese sentences with punctuation marks. *Literary and Linguistic Computing* 9 (4): 281-289.

Chesterman, A. 2004. Beyond the particular. In A. Mauranen and P. Kujamäki (eds.). *Translation Universals: Do They Exist?* Amsterdam: John Benjamins Publishing Company, 33-49.

Cowan, N. 2001. The magical number 4 in short-term memory: A reconsideration of mental storage capacity. *Behavioral and Brain Sciences,* 24(1): 87-114.

Crystal, D. 1994. *An Encyclopedic Dictionary of Language and Languages* (2nd Edition). Chicago: The University of Chicago Press.

Cuenca, M. J. 2003. Two ways to reformulate: A contrastive analysis of reformulation markers. *Journal of Pragmatics* 35 (7): 1069-1093.

Del Saz Rubio, M. M. 2007. *English Discourse Markers of Reformulation.* Bern: Peter Lang.

Delisle, J. and J. Woodsworth. 1995. *Translators through History.* Amsterdam: John Benjamins Publishing Company.

Dunning, T. 1993. Accurate methods for the statistics of surprise and Coincidence. *Computational Linguistics* 19 (1): 61-74.

Frawley, W. 1984. Prolegomenon to a theory of translation. In W. Frawley (ed.). *Translation, Literary, Linguistic and Philosophical Perspectives.* Newark: University of Delaware Press, 159-175.

Görlach, M. 2001. *A Dictionary of European Anglicisms: A Usage Dictionary of Anglicisms in Sixteen Selected European Languages.* Oxford: Oxford University Press.

Görlach, M. 2003. *English Words Abroad.* Amsterdam: John Benjamins Publishing Company.

Gottlieb, H. 2004. Anglicisms and translation. In G. Anderman and M. Rogers (eds.). *In and out of English: For Better, for Worse?* Clevedon: Multilingual Matters LTD, 161-184.

Granger, S. 2003. The corpus approach: A common way forward for contrastive linguistics and translation studies. In S. Granger, J. Lerot and S. Petch-Tyson(ed.). *Corpus-Based Approaches to Contrastive Linguistics and Translation Studies.* Amsterdam: Rodopi. 17-29.

Gunn, E. 1991. *Rewriting Chinese: Style and Innovation in Twentieth-Century Chinese Prose.* Stanford: Stanford University Press.

Harris, A. C. and L. Campbell 1995. *Historical Syntax in Cross-Linguistic Perspective* (Vol. 74). Cambridge: Cambridge University Press.

Hansen-Schirra, S. 2011. Between normalization and shining-through. In S. Kranich, V. Becher, S. Höder and J. House (eds.). *Multilingual Discourse Production: Diachronic and Synchronic Perspectives*. Amsterdam: John Benjamins Publishing Company, 135-162.

Heine, B. and T. Kuteva. 2005. *Language Contact and Grammatical Change.* Cambridge: Cambridge University Press.

Hoey, M. 2011. Lexical priming and translation. In J. Munday, A. Kruger and K. Wallmach (eds.). *Corpus-Based Translation Studies: Research and Applications.* London: Continuum, 153-168.

Holms J. 1972. *The Name and Nature of Translation Studies.* In Translated Papers in Literary Translation and Translation Studies. Amsterdam: Rodopi, 67-80.

Hopper, P. and E. Traugott 2003. *Grammaticalization.* Cambridge: Cambridge University Press.

House, J. 1977. A model for assessing translation quality. *Meta* 2: 103-109.

House, J. 1997. *Translation Quality Assessment: A Model Revisited.* Tübingen: Gunter Narr Verlag.

House, J. 2003. English as lingua franca and its influence on discourse norms in other languages. In G. Anderman and M. Roger (eds.). *Translation Today: Trends and Perspectives.* Clevedon: Multilingual Matters Ltd, 168-180.

House, J. 2006. Covert translation, language contact, variation and change. *SYNAPS* 19: 25-47.

House, J. 2008. Beyond intervention: universals in translation? *Transkom* (1): 6-19.

House, J. 2009. Moving across languages and cultures in translation as intercultural communication. In K. Bührig, K., J. House and D. Jan (eds.). *Translational Action and Intercultural Communication.* Manchester: St. Jerome Publishing, 7-39.

House, J. 2011. Using translation and parallel text corpora to investigate the Influence of global English on textual norms in other languages. In A. Kruger W. Kim and M. Jeremy (eds.). *Corpus-Based Translation Studies: Research and Applications*. London: Continuum, 187-208.

Hsu, J. L. 1994. *Language Contact and Convergence: Englishization of Mandarin Chinese in Taiwan.* Unpublished Phd Thesis. Urbana: University of Illionis.

Hunston, S. 2002. *Corpora in Applied Linguistics*. Cambridge: Cambridge University Press Cambridge.

Johanson, L. 1993. Code-copying in immigrant Turkish. *Immigrant Languages in Europe*, 197-221.

Johanson, L. 1998a. Code-copying in Irano-Turkic. *Language Sciences,* 20 (3): 325-337.

Johanson, L. 1998b. Frame changing code-copying in immigrant varieties. In G. Extra and L. Verhoeven (eds.). *Bilingualism and Migration.* Berlin: Mouton de Gruyter, 247-26.

Johanson, L. 2002a. Contact-induced change in a code-copying framework. In M.C Jones, E. Esch (eds.). *Language Change: The Interplay of Internal, External and Extra-linguistic Factors.* Berlin: Mouton de Gruyter, 285-314.

Johanson, L. 2002b. *Structural Factors in Turkic Language Contacts.* London: Routledge.

Johanson, L. 2008. Remodeling grammar: Copying, conventionalization, grammaticalization. In P. Siemund and N. Kintana (eds.). *Language Contact and Contact Languages.* Amsterdam: John Benjamins Publishing Company, 61-79.

Johanson, L. 2013. Isomorphic process: Grammaticalization and copying of grammatical elements. In M. Robbeets and H. Cuyckens (eds.). *Shared Grammaticalization.* Amsterdam: John Benjamins Publishing Company, 101-109.

Johansson, S. 2007. *Seeing through Multilingual Corpora: On the Use of Corpora in Contrastive Studies* (Vol. 26). Amsterdam: John Benjamins Publishing Company.

Johansson, S. and S. Oksefjell 1998. *Corpora and Cross Linguistic Research: Theory, Method, and Case Studies* (Vol. 24). Amsterdam: Rodopi.

Junge, S. 2011. Corporate rhetoric in English and Japanese business reports. In S. Kranich, V. Becher, S. Höder and J. House (eds.). *Multilingual Discourse Production: Diachronic and Synchronic Perspectives*. Amsterdam: John Benjamins Publishing Company, 209-232.

Kenny, D. 2001. *Lexis and Creativity in Translation: A Corpus-Based Study*. Manchester: St. Jerome Publishing.

Kennedy, G. 1998. *An Introduction to Corpus Linguistics*. London: Longman.

Kranich, S. 2009. Epistemic modality in English popular scientific texts and their German translations. *Zeitschrift für Translationswissenschaft und Fachkommunikation* 2(1): 26-41.

Kranich, S., V. Becher and S. Höder 2011. A tentative typology of translation-induced language change. In S. Kranich, V. Becher, S. Höder and J. House (eds.). *Multilingual Discourse Production: Diachronic and Synchronic Perspectives*. Amsterdam: John Benjamins Publishing Company, 11-43.

Kranich, S., J. House and V. Becher 2012. Changing conventions in English-German translations of popular scientific texts. In K. Braunmüller and C. Gabriel (eds.). *Multilingual Individuals and Multilingual Societies*, Amsterdam: John Benjamins Publishing Company, 315-334.

Kranich, S. 2014. Translation as a locus of language contact. In J. House (ed.), *Translation. A Multidisciplinary Approach*. London: Palgrave Macmillan, 96-115.

Kytö, M. and M. Rissanen 1992. A language in transition: The Helsinki corpus of English texts. *ICAME Journal* 16: 7-27.

Kytö, M. 1997. BE/HAVE+past particle: The choice of the auxiliary with Intransitives for late middle to modern English. In M. Rissanen, M. Kytö and K. Heikkonen (eds.). *English in Transition: Corpus-based Studies in Linguistic Variation and Genre Styles*. Berlin: Mouton de Gruyter, 17-85.

Kubler, C. C. 1985. *A Study of Europeanized Grammar in Modern Written Chinese* (Vol. 10): Taipei: Student Book Co.

Labov, W. 1994. *Principles of Linguistic Change: Internal Factors.* Oxford: Balckwell.

Labov, W. 2001. *Principles of Linguistic Change: Social Factors.* Massachusetts: Wiley-Blackwell.

Labov, W. 2011. *Principles of Linguistic Change, Cognitive and Cultural Factors.* Massachusetts: Wiley-Blackwell.

Laviosa, S. 1998. The corpus-based approach: A new paradigm in translation studies. *Meta* 43 (4): 1-6.

Laviosa, S. 2002. *Corpus-Based Translation Studies: Theory, Findings, Applications.* Amsterdam: Rodopi.

Laviosa, S. 2007. Similarity and difference in corpus-based translation studies. *Journal of Foreign Languages* (5): 56-63.

Laviosa, S. 2010. Corpus-based translation studies: 15 years on. *SYNAPS,* 24, 3-12.

Leech, G. 2007. New resources, or just better old ones? In N. Nesselhauf, M. Hundt and C. Biewer (eds.). *Corpus Linguistics and the Web.* Amsterdam: Rodopi, 134-149.

Leech, G. 2011. Frequency, corpora and language learning. In F. Meunier, S. D. Cock, G. Gilquin and M. Paquot (eds.). A Taste for Corpora: In Honour of Sylviane Granger. Amsterdam: John Benjamins Publishing Company, 7-32.

Leech, G., M. Hundt, C. Mair and N. Smith, N. 2009. *Change in Contemporary English: A Grammatical Study.* Cambridge: Cambridge University Press.

Malamatidou, S. 2011. *Translation and language change with reference to popular science articles.* Paper presented at the Proceedings of the Conference of the German Society for Computational Linguistics and Language Technology (GSCL), Hamburg: University of Hamburg.

Malamatidou, S. 2013. Passive voice and the language of translation: A comparable corpus based study of modern greek popular science articles, *Meta* 58(2): 411-429.

Malamatidou, S. 2016. Understanding translation as a site of language contact: The potential of the code-copying framework as a descriptive mechanism in translation studies, *Target* 28(3): 399-423.

Malamatidou, S. 2017. Why changes go unnoticed: The role of adaptation in translation-induced linguistic change, *Lingua* 200: 22-32.

Malamatidou, S. 2017. *Corpus Triangulation: Combining Data and Methods in Corpus-Based Translation Studies*. Routledge: London and NewYork.

Matras, Y. and J. Sakel 2007. *Grammatical Borrowing in Cross-Linguistic Perspective*. Berlin: Walter de Gruyter.

Mauranen, A. 2000. Strange strings in translated language: A study on corpora. In M. Olohan (ed.). *Intercultural Faultlines: Research Models in Translation Studies in Textual and Cognitive Aspects*. Manchester: St. Jerome Publishing, 119-141.

Mauranen, A. 2008. Universal tendencies in translation. In M. Rogers and G. Anderman (eds.). *Incorporating Corpora: The Linguist and the Translator*. Clevendon: Multilingual Matters, 32-48.

McEnery, A. 2003. Corpus linguistics. In R. Mitkov (ed.). *The Oxford Handbook of Computational Linguistics*. Oxford: Oxford University Press, 448-463.

McEnery, T. and A. Hardie 2011. *Corpus Linguistics: Method, Theory and Practice*. Cambridge: Cambridge University Press.

McEnery, T. and A. Wilson 1996. *Corpus Linguistics: An Introduction*. Edinburgh: Edinburgh University Press.

McLaughlin, M. 2011. *Syntactic Borrowing in Contemporary French: A Linguistic Analysis of News Translation*. Oxford: Legenda.

Miller, G. 1956. The magical number seven, plus or minus two: Some limits on our capacity for processing information. *The Psychological Review* 63: 81-97.

Neumann, S. 2011. Assessing the impact of translations on English-German language contact. In S. Kranich, V. Becher, S. Höder and J. House (eds.). *Multilingual Discourse Production: Diachronic and Synchronic Perspectives*. Amsterdam: John Benjamins Publishing Company, 233-255.

Newmark, P. 1991. The virtues of interference and the vices of translationese. In P. Newmark (ed.) *About Translation*. Clevedon: Multilingual Matters, 78-86.

Newmark, P. 2003. No global communication without translation. In G. Anderman and M. Rogers (eds.). *Translation Today*. Buffalo: Multilingual Matters, 55-68.

Olohan, M. and M. Baker 2000. Reporting that in translated English: Evidence of subconscious processes of explicitation? *Across Languages and Cultures* 1 (2): 141-158.

Pym, A. 2008. On Toury's laws of how translators translate. In A. Pym, M. Shlesinger and D. Simeoni (eds.). *Beyond Descpritive Translation Studies*. Amsterdam: John Benjamins Publishing Company, 311-342.

Quirk, R., S. Greenbaum, G. Leech and J. Svartvik 1985. *A Comprehensive Grammar of the English Language*. London: Longman.

Renouf, A. 2007. Corpus development 25 years on: From super-corpus to cyber corpus. In R. Facchinetti (ed). *Corpus Linguistics 25 years on*. Amsterdam: Rodopi, 27-49.

Sapir, E. 1921. *Language: An Introduction to the Study of Speech*. New York: Harcourt, Brace and Company.

Scott, M. 2004. *Wordsmith Tools Version 4*. Oxford: Oxford University Press.

Steiner, E. 2008. Empirical studies of translations as a mode of language contact. In P. Siemund and N. Kintana (eds.). *Language Contact and Contact Languages*. Amsterdam:John Benjamins Publishing Company, 317-345.

Stubbs, M. 1986. Lexical density: A technique and some findings. In M. *Coulthard (ed.). Talking about Text. Birmingham*: University of *Birmingham,* 27-42.

Teich, E. 2003. *Cross Linguistic Variation in System and Text: A Methodology for the Investigation of Translations and Comparable Texts* (Vol. 5). Berlin: Walter de Gruyter.

Thomason, S. G. 2001. *Language Contact*. Edinburgh: Edinburgh University Press.

Thomason, S. G. and T. Kaufman 1988. *Language Contact, Creolization, and Genetic inguistics.* Berkeley: University of California Press.

Timofeeva, O. 2011. Battlefield Victory. In S. Kranich, V. Becher, S. Höder and J. House (eds.). *Multilingual Discourse Production: Diachronic and Synchronic Perspectives.* Amsterdam: John Benjamins Publishing Company, 109-132.

Tirkkonen-Condit, S. 2002. Translationese a myth or an empirical fact? A study into the linguistic identifiability of translated language. *Target* 14(2): 207-220.

Tirkkonen-Condit, S. 2004. Unique items over or under represented in translated language? In A. Mauranen and P. Kujamäki (eds.). *Translation Universals: Do They Exist?* Amsterdam: John Benjamins Publishing Company, 177-186.

Toury, G. 1981. Translated literature: System, norm, performance: Toward a tt-oriented approach to literary translation. *Poetics Today* 2 (4): 9-27.

Toury, G. 1995. *Descriptive Translation Studies and Beyond.* Amsterdam: John Benjamins Publishing Company.

Tsao, F. 1978. Anglicization of Chinese morphology and syntax in the past two hundred years. *Studies in English Literature and Linguistics* (4): 41-54.

Verschik, A. 2008. *Emerging Bilingual Speech: From Monolingualism to Code-Copying.* London: Continuum.

Weinreich, U. 1953/1968. *Languages in Contact: Findings and Problems.* Berlin: Mouton De Gruyter.

Weinreich, U. 1958. Yiddish and Colonial German in Eastern Europe: The Differential Impact of Slavic. *American Contributions to the 4th International Congress of Slavists.* The Hague: Mouton, 369-421.

Zanettin, F. 2012. *Translation-Driven Corpora: Corpus Resources for Descriptive and Applied Translation Studies.* Manchester: St. Jerome Publishing.

Zohar, I. E. 1990. Polysystems theory. *Poetics Today* 11 (1): 9-94.

Zhao Q. and Wang K. 2015. The influence of translation on early modern Chinese text production: A case study of reformulation marker. In Sattar Izwaini & Anna Baczkowska (eds.). *Papers in Translation Studies.* Cambridge: Cambridge Scholars Publishing, 132-153.

巴金，1958，谈我的散文。载《巴金文集》（1961）十四集。北京：人民文学出版社。

北京师范学院，1959，《五四以来汉语书面语言的变迁和发展》。北京：商务印书馆。

陈独秀，1919，《文学革命论》。载胡适（编），《中国新文学大系·建设理论集》1935。上海：上海良友图书印刷公司，44-47。

陈建功、舒乙、王信、王富仁、严家炎、钱理群、樊骏、赖大仁编，2010，《中国现代文学百家》。北京：华夏出版社。

陈平原、夏晓虹，1997，《二十世纪中国小说理论资料》。北京：北京大学出版社。

陈望道，1921，语体文欧化的我观。载陈望道（编），《陈望道语文论集》（1980）。上海：上海教育出版社。

陈新仁、任育新，2007，中国高水平英语学习者重述标记语使用考察，《外语教学与研究》（4）：294-300。

戴光荣，2013，《译文源语透过效应研究》。上海：上海交通大学出版社。

戴光荣、肖忠华，2011，汉语译文中的话语重述标记：基于语料库的研究，《外国语言文学》（3）：184-193。

刁晏斌，1995，《新时期大陆汉语的发展与变革》。台北：洪叶文化事业有限公司。

刁晏斌，2006a，《现代汉语史》。福州：福建人民出版社。

刁晏斌，2006b，《现代汉语史概论》。北京：北京大学出版社。

董元兴、赵秋荣，2012，编码复制框架视角下翻译对现代汉语发展变化的影响——以被动语态为例，《中国地质大学学报（社会科学版）》（3）：129-133。

方华文，2005，《20世纪中国翻译史》。西安：西北大学出版社。

冯光武，2004，汉语语用标记语的语义、语用分析，《现代外语》（1）：24-31。

傅斯年，1919a，译书感言。载罗新璋（编），《翻译论集》（1984）。北京：商务印书馆，366-368。

傅斯年，1919b，怎样做白话。载胡适（编），《中国新文学大系·建设理论集》1935。上海：上海良友图书印刷公司，217-225。

高玉，2000，语言变革与中国文学现代转型。博士学位论文。武汉：华中师范大学。

郭鸿杰，2005，《英语对现代汉语的影响：语言认知研究法》。上海：上海交通大学出版社。

郭延礼，1999，《中西文化碰撞与近代文学》。济南：山东教育出版社。

贺阳，2008，《现代汉语欧化语法现象研究》。北京：商务印书馆。

胡开宝，2011，《语料库翻译学概论》。上海：上海交通大学出版社。

胡适，1919，谈新诗，《星期评论》纪念号第五章。

胡适，1935，《中国新文学大系·建设理论集》导言。上海：上海良友图书印刷公司。

胡显耀，2004，语料库翻译研究与翻译普遍性，《上海科技翻译》(4)：47-49。

胡裕树，1995，《现代汉语》。上海：上海教育出版社。

黄伯荣、廖序东，2002，《现代汉语》（上册）。北京：高等教育出版社。

黄鸿森，1997，漫不经心，一逗到底，《语言建设》(9)：36-37。

黄立波、王克非，2006，翻译普遍性研究反思，《中国翻译》(5)：36-40。

觉我，1907，余之小说观，《小说林》：1-8。

孔慧怡，1998总序。载王宏志（编），《翻译与创作——中国近代翻译小说论》。北京：北京大学出版社，1-6。

孔慧怡，2000，还以背景，还以公道。载王宏志（编），《翻译与创作——中国近代翻译小说论》。北京：北京大学出版社，88-117。

郎损（沈雁冰），1921，新文学研究者的责任与努力，《小说月报》12 (2)：2-5。

老志均，2002，鲁迅（1881-1936）欧化文字研究，博士学位论文。香港：香港大学。

黎锦熙，1998，《新著国文语法》。北京：商务印书馆。

雷海宗，1951，由翻译史看翻译理论与翻译方法。载罗新璋（编），《翻译论集》。北京：商务印书馆，572-578。

李春阳，2017，《白话文运动的危机》。北京：生活·读书·新知三联书店。

李德超、王克非，2009，平行文本比较模式与旅游文本的英译，《中国翻译》
　　（4）：54-58。

李绍山，2001，《语言研究中的统计学》。西安：西安交通大学出版社。

李颖玉，2012，基于语料库的欧化翻译研究。博士学位论文。上海：上海
　　外国语大学。

连淑能，2010，《英汉对比研究》。北京：高等教育出版社。

梁茂成、李文忠、许家金，2010，《语料库应用教程》。北京：外语教学与
　　研究出版社。

梁实秋，1926，现代中国文学之浪漫的趋势。载黎照（编），《鲁迅梁实秋
　　论战实录》1997。北京：华龄出版社，1-28。

梁实秋，1929，论鲁迅先生的"硬译"。载黎照（编），《鲁迅梁实秋论战实
　　录》1997。北京：华龄出版社，190-193。

梁实秋，1973，《忆沈从文》，http://www.ouc.edu.cn/chinese/wenxue/MingRenSite/
　　shencongwen/shengcongwenyumingren.htm（采集于2013年1月28日）

廖秋忠，1986，现代汉语篇章中的连接成分，《中国语文》（6）。

刘复，1926，关于译诗的一点意见，《语丝》39：1-3。

刘禾，2002，《跨语际实践》。北京：三联书店。

刘进才，2007，《语言运动与中国现代文学》。北京：中华书局。

刘泽权，2010，《<红楼梦>中英文语料库的创建及应用研究》。北京：光明
　　日报出版社。

鲁迅，1929，《文学与批评》译后附记，《鲁迅全集》第十卷（1980）。北京：
　　人民文学出版社。

鲁迅，1930，"硬译"与"文学的阶级性"。载黎照（编），《鲁迅梁实秋论
　　战实录》（1997）。北京：华龄出版社，194-211。

鲁迅，1931，鲁迅和瞿秋白关于翻译的通信：鲁迅的复信。载罗新璋（编），
　　《翻译论集》。北京：商务印书馆，273-279。

鲁迅，1934，玩笑只当它玩笑，《鲁迅全集》第五卷（1980）。北京：人民
　　文学出版社，520-521。

陆丙甫、蔡振光，2009，"组块"与语言结构难度，《世界汉语教学》（1）：
　　3-16。

吕叔湘、朱德熙，2005，《语法修辞讲话》。沈阳：辽宁教育出版社。

吕叔湘，1942/1982，《中国文法要略》。北京：商务印书馆。

马春华，2010，《现代汉语欧化结构研究》。博士学位论文。合肥：安徽大学。

马景仑，2002，《汉语通论》。南京：江苏古籍出版社。

马西尼，1997，《现代汉语词汇的形成——十九世纪汉语外来词研究》（*The Formation of Modern Chinese Lexion and its Evolution toward a National Language: The Period from 1840 to 1898*），黄河清译。上海：汉语大词典出版社。

彭发胜，2011，《翻译与中国近代学术话语的形成》。浙江：浙江大学出版社。

钱学同，1919，文学革命与文法，《新青年》第六卷2号。

秦洪武，2010，英译汉翻译语言的结构容量：基于多译本语料库的研究，《外国语》（4）：73-80。

秦洪武、夏云，2017，《基于历时语料的翻译与现代汉语互动研究》。上海：上海交通大学出版社。

瞿秋白，1931，鲁迅和瞿秋白关于翻译的通信：瞿秋白的来信。载罗新璋（编），《翻译论集》。北京：商务印书馆，265-273。

沈从文，2005，《友情集》。南京：江苏教育出版社。

沈国威，2011，现代汉语"欧化语法现象"中的日语因素问题，《关西大学文化交涉学教育研究拠点》：141-150。

沈孟璎，1999，《现代汉语理论与应用》。南京：南京师范大学出版社。

沈雁冰，1921a，语体文欧化之我观，《文学旬刊》第七号。

沈雁冰，1921b，译文学书方法的讨论，《小说月报》12（4），1-5。

施蛰存，1990，《中国近代文学大系·翻译文学集》第一卷选编说明，《中国近代文学大系·翻译文学集一》。上海：上海书店。

石定栩、朱志瑜，1999，英语对香港书面汉语句法的影响——语言接触引起的语言变化，《外国语》（4）：2-11。

石定栩、朱志瑜，2000，英语与香港书面汉语，《外语教学与研究》（3）：200-206+240。

史存直，2008，《汉语史纲要》。北京：中华书局。

思果，2001a，《翻译研究》。北京：中国对外翻译出版公司。

思果，2001b，《译道探微》。北京：中国对外翻译出版公司。

王大伟，2007，英语定语前后置比较及功能解释——兼谈汉译英中前置定语的应用与限制，《解放军外国语学院学报》（3）：45-50。

王宏志，2000，"欧化"："五四"时期有关翻译语言的讨论。载谢天振编《翻译的理论建构与文化透视》，119-139。

王建开，2003，《五四以来我国英美文学作品译介史》。上海：上海外语教育出版社。

王克非，1997，《翻译文化史论》。上海：上海外语教育出版社。

王克非，2002，近代翻译对汉语的影响，《外语教学与研究》（6）：458-463。

王克非，2004，《双语对应语料库研制与应用》。北京：外语教学与研究出版社。

王克非，2006，语料库翻译学——新研究范式，《中国外语》（3）：8-9。

王克非，2012a，中国英汉平行语料库的设计与研制，《中国外语》（6）：23-27。

王克非，2012b，《语料库翻译学探索》。上海：上海交通大学出版社。

王克非、黄立波，2007，语料库翻译学的几个术语，《四川外国语学院学报》（6）：101-105。

王克非、秦洪武，2009，英译汉语言特征探讨——基于对应语料库的宏观分析，《外语学刊》（1）：102-105。

王克非、秦洪武，2013，英汉翻译与汉语原创历时语料库的研制，《外语教学与研究》（6）：822-834。

王克非、秦洪武，2017，基于历时复合语料库的翻译与现代汉语变化考察，《外语教学与研究》，（1）：37-50+159。

王力，1943/1985，《中国现代语法》。北京：商务印书馆。

王力，1954/1984，《中国语法理论》。济南：山东教育出版社。

王力，1980，《汉语史稿》。北京：中华书局。

王伟，2008，现代汉语欧化与翻译策略之综合研究。博士学位论文。上海：上海交通大学。

吴宓，1923，论今日文学创造之正法，《学衡》（15）。

西蒂，1923，翻译与创作，《文学旬刊》第78期。

夏志清，2001，《中国现代小说史》。香港：中文大学出版社。

向熹，1993，《简明汉语史》。北京：高等教育出版社。

向熹，2010a，《简明汉语史》（上）。北京：高等教育出版社。

向熹，2010b，《简明汉语史》（下）。北京：高等教育出版社。

肖忠华、戴光荣，2010，寻求"第三语码"——基于汉语译文语料库的翻译共性研究，《外语教学与研究》（1）：52-58+81。

肖忠华，2012，《英汉翻译中的汉语译文语料库研究》。上海：上海交通大学出版社。

萧国政，1994，现代汉语语法研究的语料对象及语料提取，《华中师范大学学报（哲学社会科学版）》（2）：104-109。

萧国政，2001，《汉语语法研究论：汉语语法研究之研究》。武汉：华中师范大学出版社。

谢天振、查明建，2004，《中国现代翻译文学史》。上海：上海外语教育出版社。

谢耀基，1990，《现代汉语欧化语法概论》。香港：香港光明图书公司。

杨慧中，2002，《语料库语言学导论》。上海：上海外语教育出版社。

严家炎，2001，论五四作家的文化背景与知识结构，载严家炎（编）《人生的驿站》2004。哈尔滨：黑龙江人民出版社，167-186。

严家炎，2006，"五四"新体白话的起源，特征及其评价，《中国现代文学研究丛刊》（1）：61-80。

余光中，2000，《余光中谈翻译》。北京：中国对外翻译出版公司。

余光中，1969，《翻译和创作》。载余光中（编），《余光中谈翻译》（2000）。北京：中国对外翻译出版公司。

余光中，1976，《哀中式之微》。载余光中（编），《余光中谈翻译》（2000）。北京：中国对外翻译出版公司。

余光中，1979a，《论中文之西化》。载余光中（编），《余光中谈翻译》（2000）。北京：中国对外翻译出版公司。

余光中，1979b，《早期作者笔下的西化中文》。载余光中（编），《余光中谈翻译》2000。北京：中国对外翻译出版公司。

余光中，1996，《论的的不休》。载余光中（编），《余光中谈翻译》（2000）。
　　北京：中国对外翻译出版公司。

袁进，1992，《中国小说的近代变革》。北京：中国社会科学出版社。

袁进，2007，重新审视欧化白话文的起源，《文学评论》（1）：123-128。

张星烺，2000，《欧化东渐史》。北京：商务印书馆。

张志公，1953，《汉语语法常识》。北京：中国青年出版社。

张中行，1997，《文言与白话》。哈尔滨：黑龙江人民出版社。

赵秋荣，2014，编码复制框架理论在翻译研究中的应用，《语言文化研究辑
　　刊》，（2）：113-122。

赵秋荣，2016，基于历时复合语料库的翻译研究：现状与趋势，《翻译界》
　　（1）：117-131。

赵秋荣、董元兴、刘惠华，2011，基于类比语料库的模糊限制语研究，《山
　　东外语教学》（4）：21-26。

赵秋荣、梁茂成，2013，认识型情态动词may和might汉译强度变化研究，
　　《山东外语教学》（6）：96-99。

赵秋荣、王克非，2013，翻译汉语的阶段性特点，《中国翻译》（3）：15-
　　19。

赵秋荣、王克非，2014，翻译和现代汉语白话文中话语重述标记的语料库
　　考察与比较，《中国翻译》（5）20-24。

赵秋荣、王克非，2020（1），从定语长度扩增看翻译与现代汉语白话文的
　　发展，《外语教学理论与实践》（1）：74-79。

赵元任，1922，《爱丽斯漫游奇境记》。北京：商务印书馆。

郑正铎，1921，《语体文欧化之我观》，《文学旬刊》第7号。

周光庆、刘玮，1996，《汉语与中国新文化启蒙》。台北：东大图书公司。

周作人，1918a，文学改良与孔教，《新青年》第5卷6号。

周作人，1918b，日本近三十年小说之发达。载周作人（编），《艺术与生活》
　　（2002）。石家庄：河北教育出版社。

周作人，1922，国语改造意见。载周作人（编），《艺术与生活》（2002）。
　　石家庄：河北教育出版社。

周作人，1925，《陀螺》序。北平：北新书局。

周作人，1988，《中国新文学的源流》。上海：上海书店。

朱德熙，1987，句子和主语——印欧语影响现代书面汉语和汉语句法分析的一个实例，《世界汉语教学》(3)：31-34。

朱一凡，2011，《翻译与现代汉语的变迁（1905-1936)》。北京：外语教学与研究出版社。

朱一凡，2018，《基于语料库的英汉翻译对当代汉语影响的研究》。上海：上海交通大学出版社。

卓志诚、管秋雄、吴振荣，2007，An Investigation of 30 English-Chinese Translation Texts in Their Degree of Anglicization: A Case Study of Linguistic Borrowing，《中州学报》(25)：75-93。

邹韶华，2001，《语用频率效应研究》。北京：商务印书馆。

附录1：类比语料库（1910-1949）

1.1 原创汉语语料库

第一阶段：1915-1920

作家	作品	字数
陈独秀	法兰西人与近世文明	1 928
陈独秀	敬告青年	3 533
杨宝三	一个村正的妇人	1 313
陈衡哲	老夫妻	833
陈绵	人力车夫	849
胡适	终身大事	3 964
傅斯年	文学革新申义	2 426
刘半农	作揖主义	2 521
鲁迅	狂人日记	4 729
陈独秀，钱学同等	随感录	2 665
陈独秀	人生意义	1 691
蔡元培	新教育与旧教育之歧点	1 807
郑萃英	动的新教授论	1 956
周作人	日本近三十年小说之发达	8 425
高一涵	罗素的社会哲学	6 372
顾兆熊	马克思学说	13 215

（待续）

（续表）

作家	作品	字数
唐俟	我们现在怎样做父亲	6 852
王星拱	奋斗主义之一个解释	5 751
周作人	游日本杂感	4 939
胡适	我为什么要做白话诗	8 758
鲁迅	孔乙己	2 562
朱希祖	白话文的价值	5 397
冰心	两个家庭	5 885
冰心	去国	7 727
冰心	斯人独憔悴	5 280
叶圣陶	这也是一个人	2 046
总计		113 424

第二阶段：1925-1930

作家	作品	字数
田汉	获虎之夜	10 706
田汉	名优之死	10 235
周作人	雨天的书	30 023
庐隐	海滨故人	30 009
许地山	缀网劳蛛	30 054
鲁彦	柚子集	18 509
废名	竹林的故事等	30 058
台静农	地之子	30 010
张资平	苔莉	30 032
朱自清	背影集	29 854
叶圣陶	倪焕之	30 001
彭家煌	皮克的情书	30 009
沈从文	柏子	3 906

（待续）

（续表）

作家	作品	字数
沈从文	菜园	5 563
沈从文	薄寒	6 059
沈从文	船上	3 136
沈从文	入伍后	10 058
沈从文	草绳	3 150
苏雪林	棘心	30 006
卞之琳	夜正深	4 462
张恨水	啼笑因缘	30 042
总计		405 882

第三阶段：1935-1940

作家	作品	字数
叶紫	丰收	23 413
林徽因	蛛丝和梅花等	10 729
张天翼	华威先生等	30 008
丰子恺	缘缘堂再笔	29 334
李广田	圈外	23 750
端木蕻良	科尔沁旗草原	30 001
沈从文	《八骏图》题记	454
舒群	没有祖国的孩子	30 019
李劼人	死水微澜	30 043
老舍	骆驼祥子	30 064
徐訏	鬼恋	28 578
艾芜	丰饶的原野	30 018
萧乾	梦之谷	29 845
周文	烟苗季	29 997
萧红	呼兰河传	29 958

（待续）

（续表）

作家	作品	字数
沈从文	王嫂	4 379
沈从文	贵生	13 496
曹禺	雷雨	25 478
总计		429 564

第四阶段：1945-1949

作家	作品	字数
沙丁	淘金记	30 008
沈从文	社戏	6 232
沈从文	主妇	7 597
孙犁	荷花淀等	29 994
汪曾祺	鸡鸭名家	10 332
钱钟书	围城	30 034
张爱玲	多少恨	30 000
巴金	寒夜	24 024
梁实秋	雅舍小品	16 416
程小青	血手印	30 020
无名氏	塔里的女人	30 002
总计		244 659

1.2 翻译汉语语料库

第一阶段：1915-1920 年

译者	译作	字数
陈独秀	妇人观	482
刘叔雅	近世思想中之科学精神	4 501
汝非	血与铁	2 345
彭德尊	艰苦力行之成功者卡内基传	5 030
中国一青年	青年论	4 951

（待续）

（续表）

译者	译作	字数
李穆	英国少年团规律	1 018
周作人	陀思妥夫斯奇之小说	5 671
刘半农	磁狗	6 713
陈达材	协约国与普鲁士政治理想之对抗	6 702
刘叔雅	美国人之自由精神	2 864
高一涵	戴雪英国言论自由之权利论	1 850
刘叔雅	佛兰克林自传	4 260
何先槎	金钱之功用及罪恶	1 451
陈嘏	弗罗连斯	3 822
薛琪瑛	意中人	5 679
震瀛	近代戏剧论	9 267
起明	俄国革命之哲学的基础	5 841
总计		72 447

第二阶段：1925-1930

译者	译作	字数
顾均正	小法人和他水下底土地	3 321
潘家洵	温德米尔夫人的扇子	20 955
徐志摩	园会	2 901
杜衡	没有隐秘的斯芬克斯	3 469
钱歌川	红死之假面	4 171
郁达夫	一女侍	5 729
高君韦	盲聋女子克勒氏自传	24 305
伍光建	狭路冤家	50 018
周作人	玛加尔的梦	17 079
鲁彦	泉边	11 742
徐霞村	一夜	3 232
茅盾	老牛	2 914
李青崖	牧童坡	2 730
总计		152 566

第三阶段：1935-1940

译者	作品	字数
董仲麃	骄傲与偏见	30 035
杨缤	傲慢与偏见	30 014
汪宏声	好妻子	26 174
李唯宁	音乐家萧邦传	28 985
梁实秋	丹麦王子哈姆雷特之悲剧	24 853
关琪桐	不安的故事	28 939
饶述一	查泰莱夫人的情人	30 032
张谷若	还乡	30 003
刘大杰	孩子的心	25 627
周昌寿	法拉第传	24 561
李葆贞	神秘的大卫	4 125
傅东华	猩红文	30 045
王实味	还乡	30 005
张由纪	双城记	30 013
朱蔚文	回忆录	17 600
总计		391 011

第四阶段：1945-1949

译者	作品	字数
吕天石	微贱的裘德	30 027
周行	马丁·伊登	30 024
严大椿	金河王	12 437
汪原放	鲁滨逊漂流记	30 011
罗稷南	双城记	30 009
蒋天佐	匹克威克外传	30 019
曾季肃	玖德	30 008
张镜潭	金河王	15 334
朱海观	归来	30 004
樵菊隐	海上历险记	30 006
徐迟	华尔腾	27 493
刘重德	爱玛	21 285
蒋天佐	奥列佛尔	28 123
总计		344 780

附录2：双语平行语料库（1930-1949）

原创作者	作品	词数	译者	翻译年代	译作	字数
Oscar Wilde	Lady Windermere's Fan	20 043	潘家洵	1926	温德米尔夫人的扇子	20 955
Oscar Wilde	The Sphinx Without a Secret	6 367	杜衡	1928	没有隐秘的斯芬克斯	3 469
Helen Adams Keller	The Story of My Life	15 404	高君韦	1930	聋盲女子克勒氏自传	24 305
Emily Bronte	Wuthering Heights	30 939	伍光建	1930	狭路冤家	50 018
Jane Austen	Pride and Prejudice	21 360	董仲篪	1935	骄傲与偏见	30 035
Jane Austen	Pride and Prejudice	17 070	杨缤	1935	傲慢与偏见	30 014
Louisa May Alcott	Good Wives	13 051	汪宏声	1935	好妻子	26 174
Louisa May Alcott	Little Woman	10 763	郑晓沧	1935	小妇人	21 928
James Huneker	Chopin: The Man and His Music	15 191	李唯宁	1936	音乐家萧邦传	28 985
William Shakespeare	Hamlet	14 944	梁实秋	1936	丹麦王子哈姆雷特之悲剧	24 853
Joseph Conrad	Tales of Unrest	14 879	关琪桐	1936	不安的故事	28 939
David Herbert Lawrence	Lady Chatterley's Lover	16 402	饶述一	1936	查泰莱夫人的情人	30 032
Thomas Hardy	The Return of the Native	16 806	张谷若	1936	还乡	30 003
Frances Hodgson Burnett	Little Lord Fauntleroy	15 219	刘大杰	1937	孩子的心	25 627
James Arnold Crowsher	Life and Discoveries of Michael Faraday	15 092	周昌寿	1937	法拉第传	24 561

（待续）

(续表)

原创作者	作品	词数	译者	翻译年代	译作	字数
Eleanor H. Porter	Just David	2 586	李葇贞	1937	神秘的大卫	4 125
Nathaniel Hawthorne	The Scarlet Letter	30 704	傅东华	1937	红字	30 045
Nathaniel Hawthorne	The Scarlet Letter	16 610	侍桁	1945	红字	29 422
Thomas Hardy	The Return of the Native	16 900	王实味	1937	还乡	30 005
Charles Dickens	A Tale's of Two Cities	15 236	张由纪	1938	双城记	30 013
Conan Doyle	Memoirs of Sherlock Holmes	14 944	朱葹文	1940	回忆录	17 600
Thomas Hardy	Jude the Obscure	15 381	吕天石	1945	微贱的裘德	30 027
Jack London	Martin Eden	15 952	周行	1947	马丁·伊登	30 024
John Ruskin	The King of the Golden River	8 160	严大椿	1947	金河王	12 437
Daniel Defoe	Robinson Crusoe	15 320	汪原放	1947	鲁滨逊漂流记	30 011
Charles Dickens	A Tale's of Two Cities	18 108	罗稷南	1947	双城记	30 009
Charles Dickens	Pickwick Papers	15 073	蒋天佐	1948	匹克威克外传	30 019
Thomas Hardy	Jude the Obscure	16 170	曾季肃	1948	玖德	30 008
John Ruskin	The King of the Golden River	8 160	张镜潭	1948	金河王	15 334
Charles Dickens	Oliver Twist	15 838	蒋天佐	1948	奥列佛尔	28 123
Thomas Hardy	The Return of the Native	16 009	朱海观	1948	归来	30 004
Allan Poe	The Narrative of A. Gordon Pym	18 760	焦菊隐	1949	海上历险记	30 006
Henry David Thoreau	Walden	16 356	徐迟	1949	华尔腾	27 493
Jane Austen	Emma	12 441	刘重德	1949	爱玛	21 285
总计		532 238				885 888

附录3：参考语料库

作家	作品	字数
文康	儿女英雄传	547 928
李伯元	官场现形记	650 221
韩邦庆	海上花列传	11 916
曹雪芹	红楼梦	588 194
刘鹗	老残游记	108 741
李海观	歧路灯	593 515
吴敬梓	儒林外史	325 587
石玉昆	三侠五义	476 327
西周生	醒世姻缘传	768 672
		4 071 101

附录4：单双语作家语料库

作家	作品	字数
林语堂	插论《语丝》的文体	4 311
林语堂	《剪拂集》序	1 670
林语堂	冰莹《从军日记》序	1 057
林语堂	读书的艺术	4 481
林语堂	《论语》缘起	2 440
林语堂	编辑罪言	486
林语堂	我们的态度	881
林语堂	答灵犀君论《论语》读法	1 475
林语堂	刘铁云之讽刺	1 708
林语堂	论读书	5 479
林语堂	《语言学论丛》弁言	459
林语堂	谈女人	677
林语堂	读《近代散文钞》	7 133
林语堂	编辑滋味	551
林语堂	《大荒集》序	1 208
林语堂	跋徐訏《谈中西艺术》	443
林语堂	近读岂明先生《近代文学之源流》	930
林语堂	水浒西评	1 414
林语堂	《西部前线平静无事》序	1 640
林语堂	《作文六诀》序	923
林语堂	读《萧伯纳传》偶识	3 137

（待续）

（续表）

作家	作品	字数
林语堂	再谈萧伯纳	2 625
林语堂	读《邓肯自传》	5 093
林语堂	哥伦比亚大学	3 103
林语堂	《行素集》序	452
林语堂	再谈小品文	2 860
林语堂	大义觉迷录	4 474
林语堂	谈劳伦斯	3 960
林语堂	读书与看书	2 378
林语堂	烟屑（选一）	1 693
林语堂	《浮生六记》英译自序	2 465
林语堂	小品文之遗绪	3 784
林语堂	记翻印古书	4 762
林语堂	宗教与脏腑	1 855
鲁迅	狂人日记	4 729
冰心	去国	7 727
朱自清	背影	29 893
苏雪林	棘心	30 006
鲁彦	秋夜	18 455
张资平	苔莉	30 023
卞之琳	夜正深	4 434
周作人	雨天的书	30 022
许地山	缀网劳蛛	30 054
沈从文	爹爹	10 041
沈从文	槐化镇	2 890
沈从文	一个妇人的日记	7 126
沈从文	入伍后	10 058
沈从文	第一次作男人的那个人	6 959
沈从文	柏子	3 906
沈从文	草绳	3 150
沈从文	船上	3 136
总计		314 616